JOHANNES THIELE

Alles über den Kleinen Prinzen

JOHANNES THIELE

Alles über den Kleinen Prinzen

und wie er seinen Weg zu den
Herzen der Menschen fand

Karl Rauch

INHALT

VORWORT

Das Buch *Der Kleine Prinz* erzählt die Geschichte eines Piloten, der nach einer Bruchlandung einem vom Himmel gefallenen kleinen Prinzen begegnet, der ihn zum Leben auf der Erde befragt. Obwohl der Autor die Erzählung für Kinder geschrieben hatte und sie immer noch als Kinderbuch gilt, wurde sie mit ihrer philosophischen Betrachtung der Welt und des Lebens auch bei Erwachsenen beliebt.

Der Autor Antoine de Saint-Exupéry, der tragische Held mit den traurigen Augen und dem schütteren Haar, ist selbst zu einem Mythos geworden, seit er von einem Erkundungsflug über Südfrankreich am 31. Juli 1944 nicht zurückkehrte. Vor allem als Autor des *Kleinen Prinzen* – einer Erzählung, die sich wie das philosophische Testament eines von Todesahnungen geplagten Mannes liest – ist der Schriftsteller, Pilot und Abenteurer in Erinnerung geblieben.

Der Kleine Prinz gehört zu den am meisten gedruckten Büchern nach der Bibel. In Frankreich hat jedes Schulkind das Buch gelesen. Ein Gedenkstein im Pariser Panthéon erinnert an den Flieger. Die wunderbare Poesie seiner Erzählung vergisst man ein Leben lang nicht. Saint-Exupéry ist so verschwunden wie sein kleiner Prinz: »Es wird aussehen, als wäre ich tot, und das wird nicht wahr sein …«

Dieses Buch stellt nicht nur den *Kleinen Prinzen* vor, wie er in der Geschichte von Saint-Exupéry kleine und große Leserinnen und Leser bezaubert. Es kommt dem von ihm ausgelösten Phänomen auf die Spur, schaut hinter die Kulissen, erzählt die faszinierende Geschichte seiner immensen Wirkung, stellt die künstlerischen Auseinandersetzungen und kreativen Leistungen vor, die von ihm inspiriert wurden. Es zeigt die ganze Welt des *Kleinen Prinzen* und seines Schöpfers, die zu einer lebendigen, einzigartigen Bereicherung so vieler Menschen wurde.

Die Geschichte des Kleinen Prinzen

Die Geschichte ist aus der rückblickenden Perspektive eines Piloten erzählt. Der Ich-Erzähler muss in der Wüste notlanden und sieht sich gezwungen, die Maschine binnen einer Woche zu reparieren. Länger reicht sein Trinkwasservorrat nicht. In dieser bedrohlichen, ja lebensgefährlichen Situation begegnet ihm der kleine Prinz …

… der dem Flieger von seiner Reise zu verschiedenen Planeten berichtet, auf denen er Menschen mit negativen Charaktereigenschaften und Verhaltensweisen angetroffen hat, Menschen, die ausschließlich mit sich selbst beschäftigt sind und sich nur an die Äußerlichkeiten der Dinge halten.

DER INHALT DES BUCHES

Der Erzähler des Buches erzählt zunächst, warum er Pilot wurde, anstatt Maler zu werden. Es lag daran, dass die Erwachsenen seiner Kinderzeichnungen nie verstanden, sie brauchten immer Erklärungen. Als sechsjähriger Junge habe er seine erste Zeichnung – eine Riesenschlange darstellend, die einen Elefanten verschlungen hatte – den »großen Leuten« mit der Frage gezeigt, ob sie ihnen nicht Angst mache. Doch sie hätten geantwortet: »Warum sollen wir vor einem Hut Angst haben?« Die Skepsis des Autors gegenüber den seltsamen Erwachsenen, die für alles Zahlen brauchen, um überzeugt zu sein, die Sachen nur dann schön finden, wenn sie teuer sind, und die immer die falschen Fragen stellen, zieht sich durch das gesamte Buch.

Mitten in der Wüste findet ein kleiner Prinz den Erzähler, der mit seinem Flugzeug in der Sahara notgelandet ist, schlafend im Sand. Als der Pilot aufwacht, bittet ihn der Prinz: »Zeichne mir ein Schaf …« Doch keine der Zeichnungen, die der Flieger anfertigt, gefällt dem Prinzen – es ist zu krank oder zu alt oder zu dick oder zu dünn … Erst als der Pilot eine Kiste mit Löchern zeichnet, in der sich angeblich das Schaf befinden soll, gibt sich der kleine Prinz zufrieden. Er hat auch keine Mühe zu erkennen, was die Zeichnung mit der Riesenschlange und dem Elefanten bedeutet.

Obwohl er nie direkte Fragen beantwortet, verrät der Prinz nach und nach mehr von sich. Es gelingt dem Piloten, ihm etwas von dessen geheimnisvoller Herkunft zu entlocken. Tag für Tag erzählt der Prinz nun seine Geschichte. Er stammt nicht von der Erde, sondern kommt von einem winzigen Planeten, einem Asteroiden, »kaum größer als ein Haus«. Der Planet ist so klein, dass der Prinz, wenn er traurig ist, seinen Stuhl immer so stellt, dass er bis zu dreiundvierzig Sonnenuntergänge am Tag sehen kann.

Auf diesem kleinen Asteroiden wachsen gefährliche Affenbrotbäume, die so groß werden können, dass sie ihn zu sprengen drohen. Im wesentlichen ist der Prinz damit beschäftigt, die Vulkane zu reinigen und die Affenbrotbäume herauszureißen, damit sie nicht den ganzen Planeten überwuchern und schließlich ersticken. Er hält sich auch ein Schaf, in der Hoffnung, dass es diese gefährlichen Pflanzen vernichten könne.

Während der Pilot den Motor seines Flugzeuges repariert, plaudert der kleine Prinz unbefangen weiter und fragt ihn, welchen Sinn eigentlich die Dornen der Rosen hätten. Auf seinem kleinen Planeten besitze er eine Rose, erzählt ihm der Prinz. Eines Tages habe sich ihre Knospe entwickelt und zur Stunde des Sonnenaufgangs habe sie sich ihm in ihrer ganzen Pracht gezeigt. Anfangs war er überwältigt von ihrer Schönheit, hatte sich sehr um sie bemüht und sich mit ihr unterhalten. Er goss sie, schützte sie nachts mit einer Glasglocke vor Kälte und tagsüber mit einem Wandschirm vor Zugluft. Da sich die Rose in ihrer Eitelkeit als äußerst schwierige Persönlichkeit herausstellte und den Prinzen damit förmlich quälte, hatte er beschlossen zu gehen. »Man darf den Blumen nicht zuhören, man muss sie anschauen und einatmen.«

Schließlich verließ der kleine Prinz seinen Planeten. Er besuchte weitere Asteroiden, weil er hoffte, dort Freunde zu finden. Auf seiner Reise durch das Weltall begegnete er dann den sonderbarsten Gestalten, die sich alle in ihrer Einsamkeit verschanzt hatten: dem König, der ein fiktives Reich beherrschte und für den der Prinz nur ein Untertan war; dem Eitlen, der froh war, dass ihn ein Bewunderer besuchen kam; dem Säufer, der trank, um seine Trinksucht zu vergessen; dem Geschäftsmann,

Der König auf seinem einsamen Planeten.

der unablässig Sterne zählte; dem überaus pflichtbewussten Laternenanzünder und dem Geographen, der riesige Wälzer schrieb, in dessen Aufzeichnungen sich jedoch nichts über die wichtigen Dinge des Lebens fand. Der Geograph riet dem Prinzen, den Planeten Erde zu besuchen. Vielleicht würde er dort finden, was er suchte.

Und so kam der Prinz auf den siebten Planeten, die Erde. Sie war viel größer als alle anderen Planeten; es gab auch viel mehr Könige, Laternenanzünder und Geschäftsmänner. Der Prinz landete in der Wüste von Afrika, wo weit und breit kein Mensch zu sehen war. Dort begegnete er einer Schlange, die ihm in Rätseln zu verstehen gab, dass sie ihn eines Tages wieder zu seinem Planeten bringen könne.

Der Prinz, der sich so sehr nach Freunden sehnte, machte sich aber zunächst auf die Suche nach den Menschen. Dabei trauerte er immer wieder um die außergewöhnliche Rose, die er zu Hause zurückgelassen hatte. Auf seinem Weg durch die Wüste be-

gegnete er einer Blume, bei der er sich nach den Menschen erkundigte. Sie sagte, dass man nie wisse, wo sie zu finden seien, da sie keine Wurzeln haben. Der kleine Prinz stieg auf einen Berg und rief, doch ihm antwortete immer nur das Echo.

Dann kam der Prinz endlich an einem blühenden Rosengarten vorbei. Hatte ihm seine Rose nicht erzählt, sie wäre die einzige ihrer Art? Dabei ist sie nur eine von vielen, wie der Prinz jetzt erkennen musste, und womöglich gar nichts so Besonderes. In diesem traurigen Moment erschien der Fuchs, und der Prinz, der sich einsam fühlte, wollte mit ihm spielen, um sich aufzuheitern. Er versuchte ihn als Freund zu gewinnen, woraufhin der Fuchs den Prinzen bat, ihn zu »zähmen«. Als der Prinz meinte, er habe nicht viel Zeit, da er Freunde finden und Dinge kennenlernen müsse, erklärte der Fuchs ihm, dass man nur die Dinge wirklich kenne, die man gezähmt habe. Er meinte, die Menschen hätten keine Freunde mehr, da sie keine Zeit zum Zähmen hätten und es nun mal keine Kaufläden für Freunde gebe.

»Adieu,« sagte der Fuchs.

»Hier ist mein Geheimnis. Es ist ganz einfach:

Man sieht nur mit dem Herzen gut.

Das Wesentliche ist für die Augen unsichtbar!«

ANTOINE DE SAINT-EXUPÉRY, *Der Kleine Prinz*

Man müsse sich erst gegenseitig vertraut machen, um wahre Freunde werden zu können und um für den anderen einzigartig zu sein: »Du bist zeitlebens für das verantwortlich, was du dir vertraut gemacht hast.«

So machte sich der Prinz mit dem Fuchs vertraut. Und er erkannte auch, dass seine Rose für ihn etwas ganz Besonderes sei. Zum Abschied gab der Fuchs dem kleinen Prinzen das Geheimnis der Freundschaft mit auf den Weg: »Man sieht nur mit dem Herzen gut. Das Wesentliche ist für die Augen unsichtbar.« Die Zeit, die der Prinz für seine Rose »verloren« habe, mache sie für ihn so wichtig.

Noch zwei Erlebnisse auf seiner Reise erzählt der Prinz dem Piloten: die Begegnung mit einem Weichensteller, der die Reisenden sortiert, und mit einem Händler, der ihm Pillen verkaufen wollte, durch die er das Bedürfnis zu trinken verlieren würde, denn dadurch könne man viel Zeit sparen, dreiundfünfzig Minuten jede Woche.

Am Ende seiner Erzählung angelangt, trifft ein, was der Erzähler befürchtet hatte: Der letzte Tropfen seines Wasservorrats ist ausgetrunken. Um nicht zu verdursten, macht er sich zusammen mit seinem neuen Freund auf die Suche nach einem Brunnen. Der kleine Prinz erzählt, wie schön die Sterne seien, weil sie ihn an seine Rose erinnern, und wie schön die Wüste sei, wenn sie irgendwo einen Brunnen berge.

Durch Wüste und Nacht trägt der Pilot den bereits völlig erschöpften Prinzen, bis sie endlich bei Tagesanbruch einen Brunnen erreichen und ihren Durst löschen können. Der Prinz trinkt mit geschlossenen Augen, denn es ist wie ein Geschenk für seine Seele. Die Menschen auf der Erde haben ganze Rosenbüsche und trotzdem sind sie nicht glücklich, sagt er, dabei braucht man nur eine Rose oder ein bißchen Wasser.

Doch der kleine Prinz spürt großes Heimweh nach seinem Planeten und große Sehnsucht nach seiner Rose. Dann trifft er die Schlange wieder, mit der er einen Zeitpunkt für den Aufbruch am Brunnen verabredet. Als der Pilot hinzukommt und die im Gespräch mit dem Prinzen emporgereckte Schlange erblickt, will er sie mit seinem Revolver erschießen. Diese aber lässt sich blitzschnell zwischen die Steine gleiten und verschwindet. Der Prinz beruhigt den Flieger und stellt fest, dass nun wohl beide bald wieder nach Hause zurückkehren können: der Pilot, da er endlich sein Flugzeug repariert hat, und er selbst mit Hilfe der Schlange.

Ein Jahr sei seine Ankunft auf der Erde nun her, sagt der kleine Prinz, und der Pilot ahnt, dass er irgendetwas vorhabe, von dem er nichts wisse. Es sei kein Zufall gewesen, dass er ihn hier mitten in der Wüste getroffen habe. Der Prinz meint, der Pilot solle zu seinem Flugzeug zurückkehren, um es zu reparieren, und am nächsten Abend wieder zurückkehren. Auch er werde genau wie der Pilot nach Hause gehen: »Ich kann diesen Leib da nicht mitnehmen. Er ist zu schwer ... Man soll nicht traurig sein

»Die Zeit, die du für deine Rose
verloren hast, sie macht deine Rose so wichtig.«

ANTOINE DE SAINT-EXUPÉRY, *Der Kleine Prinz*

um solche alten Hüllen.« Der Pilot werde nachts zu den Sternen schauen, und sie werden alle seine Freunde sein. Er werde froh sein, ihn gekannt zu haben, er werde Lust haben, mit ihm zu lachen. Es wird wunderbar sein und lustig, sagt der Prinz. Doch dann schweigt er und weint.

Als der Pilot zurückkehrt, sitzt der kleine Prinz auf einer Mauer nahe dem Brunnen. Er unterhält sich mit der Schlange und fragt, ob sie ein gutes Gift habe und ob sie sicher sei, dass er nicht lange leiden müsse. Die Schlange beißt den Prinzen, der Pilot läuft los, doch er kommt erst in dem Moment an, als der Prinz von der Mauer direkt in seine Arme fällt. Sachte wie ein Blatt.

Am nächsten Morgen ist der kleine Prinz verschwunden.

Auch der Flieger kehrt in seine Welt zurück. Sechs Jahre nach der Begegnung in der Wüste muss er manchmal lachen, wenn er die Sterne sieht, weil er sich vorstellt, wie der kleine Prinz glücklich auf seinem Planeten lebt. Er ist sicher, dass er dort angekommen ist. Am Schluss der Erzählung wendet sich der Autor direkt an seine kleinen Leserinnen und Leser und bittet sie darum, ihm zu schreiben, falls sie dem kleinen Prinzen einmal begegnen sollten.

Der Schöpfer des Kleinen Prinzen

ANTOINE DE SAINT-EXUPÉRY – SEIN LEBEN, SEINE LEIDENSCHAFTEN, SEINE TRÄUME

Flugpionier, Schriftsteller und romantisches Idol: Antoine de Saint-Exupéry ist einer der großen poetischen Helden unserer Zeit. Durch sein mysteriöses Verschwinden während eines Aufklärungsfluges über dem besetzten Frankreich am 31. Juli 1944 und durch den weltweiten Erfolg seines Buches vom Kleinen Prinzen *ist der weise Dichter und Zauberer zu einer unsterblichen Legende geworden.*

Geboren wurde Antoine Jean-Baptiste Marie Roger de Saint-Exupéry am 29. Juni 1900 in Lyon. Er war – nach den beiden Töchtern Marie-Madeleine (geb. 1897) und Simone (geb. 1898) das dritte von fünf Kindern des Vicomte Jean de Saint-Exupéry und seiner Ehefrau Marie de Fonscolombe. Antoine bekam noch zwei weitere Geschwister: 1902 wurde der jüngere Bruder François, 1903 die jüngere Schwester Gabrielle geboren.

DER GARTEN DER KINDHEIT

Antoine wuchs in behüteten Verhältnissen auf und lebte wie ein kleiner Prinz in den Schlössern seiner Familie, wo er eine glückliche Kindheit verbrachte, in die zwar auch der eine oder andere Schatten fiel, in die er sich jedoch Zeit seines Lebens wie eine verlorene Heimat zurücksehnte.

Schon 1904 starb der Vater an einem Herzinfarkt. Marie de Saint-Exupéry war mit ihren fünf Kindern nun auf sich allein gestellt und geriet in eine finanziell prekäre Situation. Sie suchte die Nähe und den Schutz ihrer Verwandtschaft. Und so verbrachte die Familie den Winter im Schloss von La Mole, zog dann in die große Wohnung von Maries Tante, der Comtesse de Tricaud, an der Place Bellecour in Lyon.

Tief prägten sich in Antoines Erinnerung diese unbeschwerten Kinderjahre ein – die alljährliche Sommerfrische im Schloss

Woher stamme ich? Ich stamme
aus meiner Kindheit wie aus einem Land.

ANTOINE DE SAINT-EXUPÉRY

von Saint-Maurice-de-Rémens in der Nähe von Ain, die abendlichen Märchenstunden, die kleinen Theateraufführungen im Geschwisterkreis, die Versteckspiele in den Parks von Schloss Saint-Maurice und La Mole, die abendlichen Geselligkeiten. Dies alles regte seine Fantasie an, verführte ihn zu lustvollen Reisen in imaginäre Welten. Vor allem »der kleine Ofen von Saint-Maurice« hatte es Antoine angetan: »Es gab da einen Park, der mit schwarzen Tannen und mit Linden bestanden war, und ein altes Haus, das ich liebte.«

Schon früh entdeckte Antoine sein dichterisches Talent: Gereimte Verse und Geschichtchen, sogar die Skizze zu einem kleinen Opernlibretto mit dem Titel *La Parapluie* legten bald Proben davon ab. Seine Begeisterung für Poesie teilte Antoine gerne. Es kam vor, dass er nachts die Geschwister aufweckte: Er hatte so schöne Gedichte gelesen, die anderen und die Mutter sollten sie hören. Also wurde auch Maman geweckt und bekam die Gedichte vorgelesen. Aber der kleine Antoine zeichnete auch schon Motoren in sein Poesiealbum. Und Flugzeuge …

Ihre Schulzeit verbrachten Antoine und sein jüngerer Bruder François auf verschiedenen Schulen und Internaten.

Antoine de Saint-Exupéry, um 1920.

BEGEISTERUNG FÜR POESIE UND FLIEGEN

Wie der Erzähler im Kleinen Prinzen wollte Antoine eigentlich Maler werden, aber er wurde schließlich Pilot. Viele seiner Zeichnungen sind daher aus der Vogelperspektive gemalt. Früh begeisterte sich Antoine für die Fliegerei und konnte es nicht erwarten, so bald wie möglich in ein Flugzeug zu steigen. Ende Juli 1912 war es dann soweit, in Ambérieu: Antoine durfte zum ersten Mal mitfliegen …

Dann rückten die Mädchen in den Blickpunkt von Antoines Interesses. Doch seine ersten Verliebtheiten waren nicht von langer Dauer: »Ich kann es nicht verstehen«, bekannte er später, »wie ich vierzehn Tage lang, und sei es auch nur ein bißchen, an Jeanne einen Narren gefressen haben konnte. Ich glaube, sie war das erste Mädchen, das sich ein wenig freundlich mir gegenüber benahm, und mein schwaches Herz war gleich ganz gerührt davon.«

Die vielen Frauen, die in Antoines Kindheit eine so wichtige Rolle gespielt hatten, hatten seine erotische Idealvorstellung nachhaltig geprägt. Er suchte bei den Frauen das, was er in seinen Kinderjahren als so angenehm erlebt hatte. Sie waren ihm gegenüber stets nachsichtig und zärtlich gewesen, hatten ihn in ihre Wärme eingehüllt und ihrem »kleinen Prinzen« das wunderbar flirrende Glück einer herrlichen Kindheit und Jugend geboten.

Und so warte ich ab, bis ich einem Mädchen begegne,
das ziemlich hübsch und ziemlich klug ist,
das bezaubernd und unterhaltsam und treu ist und ...
Ach, ich werde keines finden.

ANTOINE DE SAINT-EXUPÉRY

DER TOD DES BRUDERS

Im Juni 1917 bestand Antoine erfolgreich die Abschlussprüfung seines Abiturs. Doch das gesamte erste Halbjahr war von einer langen, schweren Krankheit seines geliebten Bruders François überschattet gewesen. Es war ein schwerer Schicksalsschlag und die erste große Erschütterung in Antoines Leben, als François im Alter von nur fünfzehn Jahren mit dem Tode rang.

Mit François war Antoine die meiste Zeit zusammen gewesen, sie galten als unzertrennlich, hatten nicht nur kindliche Abenteuer und jugendliche Entdeckungen miteinander geteilt, sondern waren auch in Le Mans, Mongré und Fribourg zusammen in die Schule gegangen. François war ein fröhlicher, aufgeweckter Junge, immer aufgelegt zu Streichen, ein ideales Pendant zu dem stilleren und verträumteren älteren Bruder. Und so wie Antoine schrieb und zeichnete, so ließ François eine ausgesprochen musikalische Begabung erkennen: Er spielte Violoncello und komponierte schon sehr früh kleine Lieder.

Der bitterkalte Winter 1916/1917 jedoch hatte seiner zarten Konstitution sehr zugesetzt. Das schwere rheumatische Fieber, an dem er erkrankte, konnte damals noch nicht mit Medikamenten behandelt werden. Mehrere Monate siechte François dahin, bis er schließlich im Juli 1917 in Saint-Maurice-de-Rémens starb. Unter Tränen las Antoine das Testament seines Bruders, in dem er ihm eine Dampfmaschine, ein Fahrrad und ein Gewehr vermachte. Sein Tod traf Saint-Exupéry hart, auch wenn er das Ereignis nur selten erwähnte. Wie er überhaupt nur selten über seine Gefühle sprach und deshalb oft als verschlossen galt. Es war ein trauriger Sommer, der nun folgte. Saint-Exupéry verbrachte die Ferien in Carnac und bereitete sich dann ab Oktober auf die Aufnahmeprüfung für die École Navale vor.

DIE VERFÜHRUNGEN VON PARIS

Ein junger Mann aus der Provinz kommt in die große Stadt. Klar, dass Saint-Exupéry sich immer wieder gern von den zahlreichen Verlockungen in Paris ablenken ließ. Er stürzte sich ins turbulente Studentenleben, besuchte mit Begeisterung die Theater und Empfänge, unternahm ausgedehnte Spaziergänge über die großen Boulevards, feierte mit Freunden die Nächte durch. Sein adliger Name öffnete ihm die Tore zu den großen Palais der Pariser Gesellschaft, vor allem zum literarischen Salon seiner schönen Cousine Yvonne de Lestrange, der Herzogin von Trévise, die ihn in ihre Wohnung am Quai Malaquais einlud und bereits 1917 in die Pariser Literatenwelt einführte. Ihr war die literarische Begabung ihres jungen Verwandten nicht entgangen, und so richtete sie ihm sogar in ihrem Haus ein Mansardenzimmer ein, damit er dort in aller Ruhe seinen ersten schriftstellerischen Versuchen nachgehen konnte. Saint-Exupéry war voller Bewunderung für seine elegante Cousine und vertraute auch ihrem Rat, es nach den vielen Gedichten und Versen doch mit Prosa zu versuchen.

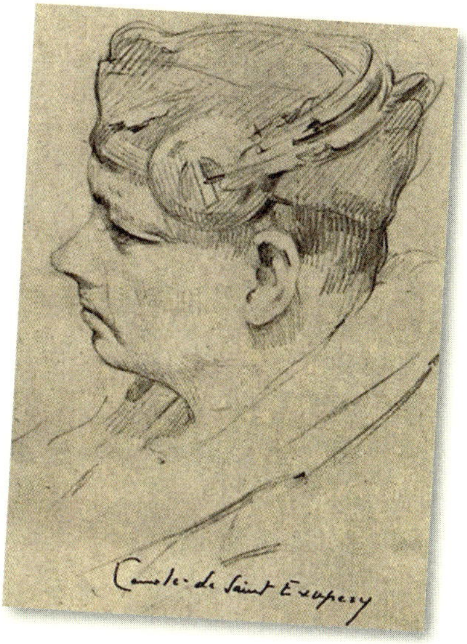

Zeichnung von Consuelo de Saint-Exupéry

Zwar bestand Saint-Exupéry im Juni 1919 die schriftliche Aufnahmeprüfung für die École Navale, doch er scheiterte in der mündlichen Prüfung. Schließlich schrieb er sich im Wintersemester 1919 als Gasthörer an der Pariser École des Beaux-Arts ein, um Architektur zu studieren. Doch er saß lieber schreibend in seinem Lieblingscafé in der Rue Bonaparte als in den düsteren Hörsälen.

DIE ZEIT BEIM MILITÄR

Mit einundzwanzig Jahren wurde Antoine de Saint-Exupéry zum Militärdienst eingezogen. Da sein Herzenswunsch, in der Marine zu dienen, unerfüllt blieb, beschloss er, sich für den Einsatz bei einer Luftwaffeneinheit zu bewerben. Er träumte davon, Pilot zu werden.

Zunächst wurde er ab April 1921 zum 2. Fliegergeschwader am Polygone in Straßburg einberufen und wurde zunächst zum Flugzeugmechaniker ausgebildet. Hier gehörte er zum Bodenpersonal und musste die Maschinen aus den Hallen schieben, in die dann andere als Piloten und Beobachter einstiegen. Von verzweifelten Neidgefühlen angetrieben, investierte Saint-Exupéry seinen Wehrsold und einige Francs, die er sich nebenbei verdiente, in Flugunterricht bei einem Privatlehrer. Schließlich wurde er zum 37. Fliegergeschwader in Marokko abkommandiert; einen Tag vor Weihnachten erhielt er in Rabat seinen Flugschein als Militärpilot – und bewarb sich anschließend mit Erfolg für die Ausbildung zum Luftwaffenoffizier der Reserve.

Obwohl Saint-Exupéry nach Beendigung seiner Militärzeit bei der Luftwaffe bleiben wollte, wechselte er ins berufliche Leben. Schuld daran waren nicht nur die ängstlichen Vorbehalte seiner Mutter und seiner Schwestern, die immer wieder das Schreckgespenst der Gefahren, denen er sich aussetzte, an die Wand malten – sondern ein Mädchen.

VERLIEBT UND VERLOBT

Als er Louise de Vilmorin, Tochter einer wohlhabenden Kaufmannsfamilie, vorgestellt wurde, glaubte Antoine de Saint-Exupéry, die Liebe seines Lebens gefunden zu haben. Diese junge Dame der besten Pariser Gesellschaft gewann nicht nur sein Herz, sondern ließ ihn auch von einer gemeinsamen Zukunft träumen. Jedenfalls dauerte es nicht lange, und Saint-Exupéry hielt um ihre Hand an und durfte sich als Verlobter fühlen. Auf Wunsch der Familie seiner Verlobten trat er eine Stelle in der Verwaltung der Ziegeleiwerke von Boiron an. Die Verlobung mit Louise hielt allerdings nicht lange, sie wurde nur wenige Monate später im Herbst gelöst – zu unterschiedlich waren wohl die Vorstellungen über Ehe und Zusammenleben.

DIE ERSTEN SCHRITTE INS LITERARISCHE LEBEN

Zwischen 1923 und seiner Begegnung mit Consuelo de Suncin 1930 blieb Saint-Exupéry Junggeselle. Vermutlich trug sein unruhiges, unstetes Leben dazu bei, dass er sich nicht binden mochte. Dabei hatte er eine brennende Sehnsucht nach einer »Frau fürs Leben«, nach jemandem, der ihn verstand und ihn glücklich machen könnte. Es gab viele Bekanntschaften, Freundschaften, Liebeleien und Affären mit Frauen – Saint-Exupéry war ein ausgesprochener Womanizer, der auf Frauen eine große Anziehungskraft ausübte. Sie waren fasziniert von der abenteuerlichen Aura des Piloten, später auch vom Glanz des literarischen Lebens, von seiner Prominenz und seinem Status in der Gesellschaft. Sie träumten von ihm, wie er hoch oben am Himmel den Widrigkeiten der Elemente trotzte, und bewunderten ihn dafür, wie er auf Erden in seinen Büchern den Menschen zutiefst zu verstehen schien. Er wirkte, hoch gewachsen wie er war, wie ein großer, schüchterner Junge, ein bisschen schutzbedürftig, ein wenig unbeholfen. Sein jungenhafter Charme war legendär, und es wirkte eher faszinierend als irritierend, dass er von ständiger Unruhe getrieben war, immer unterwegs, auch mit seinen Gefühlen.

Manon, Tänzerin, die erste Erzählung Saint-Exupérys, wurde erst lange Jahre nach dem Tod des Autors veröffentlicht.

Die »goldenen zwanziger Jahre« in Paris waren für Saint-Exupéry eine glückliche Zeit. Er traf sich oft mit seinen Freunden, die ihn zu literarischen Soiréen mitnahmen und ihn in Kontakt zum intellektuellen Leben der Hauptstadt brachten. Im Salon seiner Cousine Yvonne lernte er Gaston Gallimard kennen, der später sein Verleger werden sollte, auch André Gide und Jean Prévost, der 1926 in der Literaturzeitschrift *Le Navire d'Argent* erstmals einen Text von ihm – die Erzählung *L'Aviateur* – veröffentlichte, die später das Kernstück seines ersten Romans *Südkurier* bildete. Damit trat Antoine de Saint-Exupéry zum ersten Mal ins Licht der literarischen Öffentlichkeit.

Saint-Exupéry gab sich ehrlich Mühe, dem mütterlichen Wunsch, er möge doch einen »seriösen« Beruf ergreifen, zu folgen. Er versuchte es als Kaufmann und wurde in der zentralfranzösischen Provinz Handelsvertreter für Lastwagen. Doch in diesem Metier ist er wohl nicht besonders gut gewesen. Nein, es drängte ihn zum Fliegen. Und er hatte eine ganz besondere Idee: das abenteuerliche Leben eines Fliegers in den zwanziger Jahren nicht nur zu erleben, sondern es auch literarisch zu verarbeiten.

DER HIMMEL ÜBER DER WÜSTE

So zog ihn das Fliegen wieder in den Bann: Nachdem er im Juni 1926 den Flugschein für den öffentlichen Transportverkehr erhalten hatte, trat er drei Monate später in die Firma Compagnie Latécoère in Toulouse ein, um dort Pilot zu werden. Er wusste, dass er damit einen Beruf gewählt hatte, in welchem er ständig Gefahren ausgesetzt sein würde, setzte sich jedoch über alle familiären Bedenken hinweg.

Noch wehte der Pioniergeist in den Lüften. Saint-Exupéry wurde zunächst beim Bodenpersonal eingesetzt, dann als Pilot. Er flog die Strecke Toulouse – Casablanca – Dakar. Im Oktober 1927 übernahm er die Leitung des Wüstenflugplatzes Cap Juby bei Tarfaya, am Rande der damaligen spanischen Kolonie Westsahara, im Aufstandsgebiet der Marrokaner. Hier breitete sich die

Man ersehnt die Landung auf
der Erde wie ein Paradies, und man sucht
seine Wahrheit in den Sternen.

ANTOINE DE SAINT-EXUPÉRY

Wüste zu einer endlosen, eintönigen Landschaft aus. Monate verbrachte Saint-Exupéry in dieser einsamen Endlosigkeit und staubigen Trockenheit, doch die Wüste übte auf Saint-Exupéry eine magische Wirkung aus, ließ ihn nicht mehr los: »Ich habe die Sahara immer sehr geliebt. Ich habe in ihr Nächte in einem traumartigen Zustand verbracht. Ich bin in ihrer ausgedehnten Helligkeit aufgewacht, inmitten der Wellen, die der Wind hier wie auf dem Meer hervorbrachte.«

Allein unter dem weiten Sternenhimmel, in der unendlichen Weite, die dem Blick keine Grenze schenkt, aufgeschreckt und eingehüllt zugleich von den Geräuschen der nächtlichen Sahara, die Meere von Sand vor Augen, die sich in der gleißenden Hitze wie ein Lebewesen zu bewegen scheinen, ließ Saint-Exupéry sich von ihrem Zauber gefangen nehmen; auch der *Kleine Prinz* ist ganz

Was die Wüste schön macht, sagte der kleine Prinz,
ist, dass sie irgendwo einen Brunnen birgt.

ANTOINE DE SAINT-EXUPÉRY, *Der Kleine Prinz*

von dieser Atmosphäre geprägt. Die Wüste, das Farbenspiel der Wolken und der Sonne, die allmählich die Landschaft, die sich unter ihm, der hoch über sie hinweg flog, ausbreitete, überglänzte und zum Leben erweckte, regte Saint-Exupéry zum Nachdenken und Träumen an: »Man setzt sich auf eine Sanddüne. Man sieht nichts. Man hört nichts. Und währenddessen strahlt etwas in der Stille.«

Das ganze Jahr 1928 verbrachte Saint-Exupéry in Cap Juby; die meiste Zeit verbrachte er mit Warten auf das jeweils nächste Flugzeug. Immer wieder rettete er abgestürzte Postflugpiloten aus der Wüste. Da die Fliegerei noch in den Anfängen steckte, waren Abstürze keine Seltenheit. Doch Cap Juby begründete noch in weiterer Hinsicht den Mythos Saint-Exupéry; durch Mut und Tatkraft wurde der junge Flieger zur Legende. Mehr als einmal riskierte er sein Leben, um Reisende und Flugkameraden aus der Gefangenschaft der Aufständischen zu befreien.

SÜDKURIER

Doch es war die Einsamkeit, die seine Gedanken und Empfindungen sammelte und konzentrierte. In der Wüste um Juby entstand Saint-Exupérys erstes Buch *Courrier Sud* (*Südkurier*). Das Erlebnis des Fliegens wurde das große Lebensthema des Dichters, das nun sein gesamtes Werk wie ein Leitmotiv durchzieht. Jedes seiner Bücher verknüpfte seine Erlebnisse und Erfahrungen als Pilot mit lebensphilosophischen Reflexionen über den Menschen in einer zunehmend von der Technik beherrschten Umwelt.

1929 absolvierte Saint-Exupéry eine Fortbildung in Navigation bei den Marinefliegern in Brest und begegnete in Paris nicht nur André Gide, sondern auch Gaston Gallimard wieder, den er 1917 im Salon von Yvonne de Lestrange kennengelernt hatte und der ihn nun für sieben Romane unter Vertrag nahm. Der Verleger schien von der literarischen Zukunft Saint-Exupérys überzeugt gewesen zu sein, sonst wäre es nicht zu diesem Exklusivvertrag gekommen, der wie ein Blankoscheck auf den erzählerischen Ruhm des ungewöhnlichen Autors wirkt. Und tatsächlich war Antoine de Saint-Exupéry kein

Schriftsteller, »der ein ruhiges Leben führte und Tag für Tag in einem Zimmer saß, wo er sich allein dem Schreiben widmete«, wie Nathalie des Vallières und Roselyne de Ayala in ihrer illustrierten Biografie feststellen.

SCHREIBEN UND FLIEGEN

Der Roman *Südkurier*, der den letzten Flug eines Piloten samt einer eingeschobenen, ebenfalls traurigen Liebesgeschichte erzählt, begründete Saint-Exupérys literarischen Ruhm und machte ihn mit einem Schlag berühmt. Von nun an betrachtete »Saint-Ex«, wie seine Freunde ihn nannten, seinen Beruf als Berufung: Mit beidem, Schreiben und Fliegen, wollte er Verbindungen zwischen Menschen herstellen.

Im August 1929 traf Saint-Exupéry in Buenos Aires ein, wo er für seine Gesellschaft den neuen Posten als Direktor der Aeoroposta Argentina, der argentinischen Luftpost antrat. Er vertiefte sich in Landkarten und Flugrouten, richtete in diesem damals reichsten Land Südamerikas Flugpost- und Luftfrachtlinien ein, über den Atlantik und eine Route nach Patagonien. Auch hier wieder der Einsatz des eigenen Lebens, um das anderer, die in den Anden in Gefahr geraten waren, zu retten.

In Argentinien schrieb Saint-Exupéry an seinem zweiten Buch *Vol de Nuit (Nachtflug)*, in dem er die Geschichte um den tödlichen

Gleich bei meinem ersten Flug sollte ich der Wüste auf den Geschmack kommen.

ANTOINE DE SAINT-EXUPÉRY, *Wind, Sand und Sterne*

letzten Flug eines Piloten erzählte. Er schilderte darin seine Südamerika-Erlebnisse, zeichnete die Landschaft des fernen Kontinents in großartigen Bildern. Und auch die Liebe seines Lebens fand Saint-Exupéry: Im Spätsommer lernte er Consuelo Suncin de Sandoval kennen und verliebte sich unsterblich in sie (siehe auch das Kapitel *Die Rose des Kleinen Prinzen*).

Hatte der Fliegerpoet nun endlich die Frau an seiner Seite, von der er immer geträumt hatte, gefunden? Er hatte sich immer eine Seelengefährtin gewünscht, die ihm ein Gefühl von Geborgenheit schenken könnte, und sich zugleich davor gefürchtet, ein Leben in Ehe- und Familienroutine führen zu müssen. Doch die Langeweile des Alltags war bei Consuelo nicht zu befürchten. Die junge Witwe salvadorianischer Herkunft entzückte ihn mit kindlichem Temperament und einer erfrischenden Spontaneität. Sie war auf der Suche nach einem

romantischen Helden, der ihr Aufmerksamkeit schenken und sie verwöhnen würde. Diese Rolle schien Saint-Exupéry perfekt auszufüllen.

Es war eine Zeit heftiger, leidenschaftlicher Verliebtheit, die Antoine und Consuelo erlebten. Und die schließlich in Heiratspläne mündete, welche von der aristokratischen Familie der Saint-Exupérys in Frankreich jedoch weder als standesgemäß noch als passend für den Fliegerhelden – der schon auf dem Weg war, sein eigener Mythos zu werden – empfunden wurden. Saint-Exupéry kehrte im Februar 1931 wieder nach Frankreich zurück und heiratete Consuelo am 12. April in Agay. Es war der Auftakt zu einer spannungsreichen, ja spannungsgeladenen Ehe. Sie hielten es weder lange miteinander, noch lange ohneeinander aus.

NACHTFLUG

Im März 1931 war das Abenteuer in der Aeroposta Argentina zu Ende, wegen Konkurs und politischer Skandale, in die das Unternehmen verstrickt war. Nach seiner Hochzeit mit Consuelo kehrte Saint-Exupéry daher nicht nach Argentinien zurück. Aber er gewann in Frankreich rasch neue Freunde, unter ihnen den zweiundzwanzig Jahre älteren Léon Werth, den er im Pariser Café des Deux Magots kennenlernte. Obwohl die beiden häufig unterschiedliche Meinungen vertraten, war der jüdische anarchistische Freidenker und Schriftsteller in Saint-Exupérys Leben wohl so eine Art Ersatz für den Vater, den der Flieger so schmerzlich vermisste.

Immer wieder reiste der Flieger zu Léon nach Saint-Amour im französischen Jura. Ihm war viel an der Meinung des älteren Freundes gelegen, also las er ihm Passagen aus seinen Manuskripten vor und wollte wissen, wie Léon Werth dazu stand. Als Saint-Exupéry 1943 seinen *Kleinen Prinzen* veröffentlichte, stellte er dem Buch – übrigens auf Vorschlag von Consuelo – eine Widmung voran: »Für Léon Werth, als er noch ein Junge war«. Und ergänzte: »Ich bitte die Kinder um Verzeihung, dass ich dieses Buch einem Erwachsenen widme. Ich habe eine ernstliche Entschuldigung dafür: Dieser Erwachsene ist der beste Freund, den ich in der Welt habe.«

Saint-Exupéry, nun wieder ohne feste Anstellung, flog ein halbes Jahr lang – von Mai bis September – erneut Nachtflüge auf der Poststrecke Casablanca – Port Étienne. Und *Vol de Nuit* (*Nachtflug*), sein zweites Buch, erschien bei Gallimard und wurde sein definitiver Durchbruch, ausgezeichnet mit dem Prix Femina. Nach dem Buch ist auch das Parfum *Vol de Nuit* der Firma Guerlain benannt.

Uferlos, diese Nacht. Sie führte weder zu einem
Hafen (die schienen alle unerreichbar) noch zum Morgen:
In einer Stunde vierzig Minuten würde man keinen
Betriebsstoff mehr haben. Früher oder später würde man sich
blindlings in diese Finsternis hinabgleiten lassen müssen.
Wenn er hätte den Tag erreichen können ... Fabien dachte an
den Morgen wie an einen goldenen Strand, an den man
gespült würde nach dieser schweren Nacht. Die Küste der
Ebenen, auftauchend unter dem bedrohten Flugzeug.
Die ruhevolle Erde mit ihren schlummernden Farmen und
ihren Herden und Hügeln. Unschädlich alle Fährnisse,
die in den Wogen des Dunkels trieben. Wie er schwimmen
würde, dem Tage zu, wenn er könnte!

ANTOINE DE SAINT-EXUPÉRY, *Nachtflug*

Saint-Exupéry wollte ein Menschenretter sein. Er zögerte nie eine Sekunde, wenn er zu Hilfe gerufen wurde. Solidarität, Kameradschaft waren für ihn keine leeren Worte, Freundschaft – nicht nur zu seinen Fliegerkameraden Henri Guillaumet und Jean Mermoz – bedeutete ihm viel. Er nannte es ein wunderbares Erlebnis, »mit Freunden das Brot zu teilen«. Um solche Kameradschaft zu erleben, sei nicht der Krieg nötig. »Auch ohne den Krieg kann man die Empfindung von Schultern in naher Fühlung genießen. Der Hass erhöht nicht unser Hochgefühl. Wir sind alle Schicksalsgefährten vom gleichen Stern.«

Zu dem Film *Anne-Marie* schrieb Saint-Exupéry das Drehbuch.

1933 arbeitete Saint-Exupéry als Testpilot für Wasserflugzeuge des Flugzeugbauers Latécoère. Zwischendurch entstand ein Drehbuch zu dem Film *Anne-Marie*. Am 21. Dezember brachte ein schwerer Flugzeugunfall Saint-Exupéry in die Nähe des Todes. Aufgrund eines Berechnungsfehlers setzte er sein Wasserflugzeug in der Bucht von Saint-Raphaël zu hart auf. Eingeschlossen in seinem Cockpit, musste er mit ansehen, wie sich seine Maschine nach und nach mit Wasser füllte. Beinahe wäre er bei diesem schweren Unfall ertrunken.

Die Versuche, Flugrekorde aufzustellen, die er mit forscher Abenteuerlust unternahm, schlugen fehl. Im Juli 1934 nahm er an einem solchen Wettbewerb teil, stieg werbewirksam in ein Wasserflugzeug mit Ziel Saigon (damals Hauptstadt der französischen Kolonie Vietnam). Er erreichte zwar das Mekong-Delta, musste dort jedoch notlanden und erkrankte überdies an Tropenfieber, was ihn zur Rückkehr nach Frankreich zwang.

Bei aller Verliebtheit in die Poesie war Saint-Exupéry ein kluger Kopf, der gern tüftelte und sich oft mit luftfahrttechnischen Problemen befasste. Seine Untersuchungen über Luftnavigation und Aerodynamik verblüfften die Fachleute durch ihre schöpferische Fantasie. Flugzeugbauer übernahmen die Ergebnisse seiner aeronautischen Versuche. So war er sogar Inhaber mehrerer flugtechnischer Patente, zum Beispiel eines Patents auf das einziehbare Fahrgestell.

Das folgende Jahr war keine gute Zeit für Consuelo und Antoine de Saint-Exupéry – die beiden steckten in größeren finanziellen Schwierigkeiten. Auch die Ehe kriselte, Consuelo nahm sich ein Zimmer im Hôtel du Pont-Royal. Im Mai 1935, als die französische und die russische Regierung gerade einen Beistandspakt gegen das nationalsozialistische Deutschland geschlossen hatten, beauftragte die Zeitung *Paris-Soir* Saint-Exupéry mit einer Reise

nach Moskau – die Artikelserie, die er über seinen Aufenthalt schrieb, wurde vielbeachtet. Fieberhaft schrieb und veröffentlichte er zahlreiche Erzählungen und Artikel.

Am 29. Dezember 1935 begann dann endlich wieder ein Flugabenteuer: In Paris startete Saint-Exupéry mit seiner Maschine, um einen neuen Rekord auf der Flugroute nach Saigon aufzustellen. Doch auch dieser Flug stand unter keinem guten Stern, denn schon am frühen Morgen des folgenden Tages musste er mit seinem Mechaniker André Prévot in der libysch-ägyptischen Wüste notlanden, zweihundert Kilometer vor Kairo, erreichte nach einem tagelangen Fußmarsch halb verdurstet, fiebernd den Nil, wo ihn eine Karawane rettete.

WIND, SAND UND STERNE

Im Jahr 1938 reiste Saint-Exupéry in die Vereinigten Staaten, wo er mehrere Wochen in New York verbrachte. Ihn reizte der Rekord-Wettbewerb, der auf der Strecke zwischen New York und Feuerland ausgetragen werden sollte und zu dem er am 14. Februar aufbrach. Wieder ein riskantes Abenteurer, wieder mit katastrophalen Folgen. In Guatemala-Stadt konnte Saint-Exupérys Flugzeug – weil es zu schwer betankt war – beim Start nicht abheben und zerschellte am Ende der Startbahn: »Als man mich aus dem Flugzeug herausgezogen hat, war ich das größte der noch übrig gebliebenen Wrackteile.« Der Pilot erlitt sieben Knochenbrüche und andere schwere Verletzungen, lag mehrere Tage im Koma. Er erholte sich nur sehr langsam und auch nicht ohne Komplikationen, so dass er 1941 noch einmal ins Krankenhaus musste. Und noch Jahre später sollte er unter den Folgen dieser Verletzungen leiden.

Nach dem schweren Unfall in Guatemala kehrte Saint-Exupéry 1939 zu seiner Familie nach Paris zurück. Fliegerisch war nun wieder Flaute, also nutzte er die aufgezwungene Pause zum Schreiben. Und änderte im Dezember noch auf den Druckfahnen den Titel: *Terre des hommes* (*Wind, Sand und Sterne*). Wieder ein Buch voller lebensphilosophischer Betrachtungen und packend geschilderter Erlebnisse, eigentlich ein Sammelband, in dem Saint-Exupéry neue und ältere Texte zusammengestellt hatte. Es traf den Nerv der Zeit: Das Publikum war begeistert über dieses

Hohelied der Kameradschaft, der Solidarität und des Idealismus. Die Académie Française zeichnete es, wie später den *Kleinen Prinzen*, mit ihrem Grand Prix du Roman aus. Auch in den Vereinigten Staaten, wo die englische Übersetzung (*Wind, Sand and Stars*) im Juni 1939 erschien, war die Resonanz groß. Das Buch erhielt später den National Book Award.

Und dann zog er in den Krieg. Vom 4. September 1939 bis zum 5. August 1940 war Saint-Exupéry Kriegsteilnehmer, und zwar nicht beim Nachrichtenwesen oder bei der zivilen Luftfahrt, sondern als Frontsoldat. »Ich mache mit, um nachher mitreden zu können«, schrieb er einem Freund damals lapidar. Er war trotz »schlimmer Vorahnungen« einer der ersten französischen Flieger, die sich bei Ausbruch des Zweiten Weltkriegs freiwillig zur Luftaufklärung gemeldet hatten, aber er lehnte es strikt ab, ein Bomben- oder Jagdflugzeug zu fliegen. Hauptmann Saint-Exupéry erhielt einen Stellungsbefehl zur Luftwaffe in Toulouse, wo ihm jedoch aufgrund der medizinischen Untersuchung zunächst der aktive Flugeinsatz untersagt wurde. Sein Alter, sagte man ihm, liege über dem Durchschnittsalter der Militärpiloten.

Doch Saint-Exupéry ließ sich nicht abwimmeln, blieb hartnäckig. Im November gelang es ihm, die Flugerlaubnis für eine Fernaufklärungsgruppe zu erhalten. Er flog nun unbewaffnete Einsätze, überwachte den Luftraum, erkundete Ziele. Der Luftkrieg war mörderisch. Saint-Exupéry musste miterleben, wie viele seiner Kameraden im Krieg fielen: »In drei Wochen haben wir siebzehn von unseren dreiundzwanzig Besatzungen verloren. Wie Wachs in der Sonne sind wir zusammengeschmolzen ... Rings um uns kracht alles.« Auch Henri Guillaumet wurde am 27. November 1940 über dem Mittelmeer abgeschossen. Saint-Exupéry erschüttert: »Guillaumet ist tot; heute Abend ist mir, als hätte ich keine Freunde mehr.«

FLUG NACH ARRAS

Dann wurde Saint-Exupéry in einer Luftaufklärungseinheit in Algier stationiert. Am 23. Mai startete er in Meaux zu seiner berühmt gewordenen Fernaufklärungsmission nach Arras. Am 2. Juni wurde er im Tagesbefehl der Luftwaffe erwähnt, was die Verleihung des Kriegsverdienstkreuzes mit Palme nach sich zog. Den Waffenstillstand (25. Juni) und die anschließende Demobilisierung der französischen Streitkräfte erlebte er in Algerien. Am 11. Juli wurde er aus der Armee entlassen, kehrte nach Frankreich zurück und verbrachte den Sommer auf dem Landgut seiner Schwester im südfranzösischen Agay.

Wir wollen nicht ewig leben, aber wir wollen nicht
alles Tun und alle Dinge plötzlich jeden Sinn verlieren sehen.
Dann zeigt sich die Leere, die uns umgibt.

ANTOINE DE SAINT-EXUPÉRY, *Im Krieg*

Von Oktober 1940 an schmiedete er Pläne für eine Reise nach Amerika. Er fuhr nach Vichy, den Sitz der mit den deutschen Besatzern kollaborierenden französischen Regierung, um ein Visum für die Vereinigten Staaten zu beantragen, und ging schließlich in Lissabon an Bord des Ozeandampfers Siboney.

In New York bereiteten ihm seine Verleger, die ihn mit hohen Honorarschecks erwarteten, einen herzlichen Empfang. Was für ein Erfolg war *Wind, Sand und Sterne*! Saint-Exupéry war inzwischen auch in den Vereinigten Staaten ein Bestseller-, ein Star-Autor. Kein Wunder, dass ihn seine amerikanischen Verleger drängten, unbedingt ein neues Buchprojekt in Angriff zu nehmen. Zwischen *Nachtflug* 1931 und *Wind, Sand und Sterne* 1939 hatte er ja nur ein paar Reportagen und Artikel publiziert. Warum nicht die wenigen Wochen in New York nutzen, um ein neues Buch anzufangen? So kam es, dass er über den Flug nach Arras schrieb. Ein Jahr nach seiner Ankunft, im Februar 1942, lag das Werk in den Buchhandlungen. Und übertraf den schon beachtlichen Erfolg von *Wind, Sand und Sterne* noch um ein Vielfaches. Die französische Originalversion wurde jedoch, nachdem Gallimard sie in kleiner Auflage herausgebracht hatte, prompt von der Vichy-Regierung, in der Marschall Pétain alle Wünsche der deutschen Besatzungsmacht in die Tat umsetzte, verboten.

Im *Flug nach Arras*, das im Französischen den Titel *Pilote de Guerre* erhalten hatte, schilderte Saint-Exupéry auf etwa 220 Seiten einen seiner gefährlichen Erkundungsflüge, der nur knapp zwei Stunden gedauert hatte. Aber es waren zwei Stunden auf dem überaus schmalen Grat zwischen Leben und Tod.

Zermürbend waren die Auseinandersetzungen, in die Saint-Exupéry hineingezogen wurde: In New York geriet der Fliegerheld rasch zwischen die Fronten der Exilfranzosen. Die Parteigänger des Vichy-Regimes und die Anhänger von General de Gaulle standen sich auch hier, weit entfernt vom Kriegsschauplatz in der Heimat, unversöhnlich gegenüber. Jeder versuchte, Saint-Exupéry auf seine Seite zu ziehen, jeder warf ihm vor, dass er sich ihren Reihen nicht anschloss. Der prominente Schriftsteller wollte sich jedoch nicht vereinnahmen lassen.

Ich habe acht Jahre lang das Leben eines Linienpiloten geführt. Ich habe ein Gehalt bezogen. Ich konnte mir davon jeden Monat ein paar Dinge kaufen, die ich mir wünschte. Doch wenn mir die Arbeit als Linienpilot über diese unbedeutenden Vorteile hinaus nichts geboten hätte, warum hätte ich sie dann so sehr lieben sollen? Sie hat mir weitaus mehr bedeutet. Aber ich muss auch eingestehen, dass sie mich nur dort wirklich bereichert hat, wo ich mehr gegeben als erhalten habe. Nicht die Nächte, in denen ich das Geld meines Gehalts ausgab, bedeuteten mir wirklich viel, sondern jene aus den Gründungszeiten der Fluglinien: Wenn ich nach mehreren Flügen hintereinander und dreißig Stunden ohne Schlaf gerade völlig erschöpft eingeschlafen war und das Telefon brutal klingelte, und die Nachricht von einem fernen Unfall mich aus dem Bett trieb. »Du musst sofort zu der Unglücksstelle kommen ... du musst schleunigst zur Magellanstraße fahren ...« Und ich wälzte mich in der Winterkälte fluchend aus dem Bett. Und ließ mich mit schwarzem Kaffee voll laufen, um am Steuer nicht einzuschlafen. Nach einer Stunde Fahrt über schlammige, unzulängliche Straßen voller Schlaglöcher gelangte ich schließlich zu der Unglücksstelle und begrüßte meine Kameraden. Ich schüttelte ihnen ohne ein Wort die Hände, mürrisch, schläfrig und von rheumatischen Krämpfen geplagt, wie sie der Winter nach zwei durchwachten Nächten hervorzurufen pflegte.

ANTOINE DE SAINT-EXUPÉRY, *Flug nach Arras*

Ursprünglich hatte er die Absicht gehabt, ein paar Wochen zu bleiben. Doch sein Aufenthalt in Amerika sollte schließlich zwei Jahre und drei Monate dauern.

Saint-Exupérys allgemeine physische und psychische Verfassung war zu dieser Zeit alles andere als gut. Die geistig-politische Zerstrittenheit seiner Landsleute in Frankreich schmerzte ihn; er litt auch unter dem Gefühl der Fremdheit, das er in New York nie verlor. Er sprach kein Englisch, weil er sich das Erlernen dieser Sprache nicht zutraute. Das Unverständnis und die Ablehnung, die er erfuhr, ließen seine Bitterkeit und Niedergeschlagenheit noch anwachsen. Und das abgründige Gefühl der Angst, das ihn ergriffen hatte, würde ihn von nun an nicht mehr verlassen – Angst um Consuelo, Angst um seine Familie, die er in Frankreich zurückgelassen hatte, Angst überhaupt um seine Heimat, deren Erschütterungen er bis ins ferne Amerika spürte. Außerdem hatte er gravierende gesundheitliche Probleme: Nicht nur, dass sein Körper nicht mehr mitspielte und ihn zunehmend im Stich zu lassen begann, auch die Schmerzen früherer

Wenn eine Frau mir schön vorkommt, kann ich nicht über sie sprechen. Ich sehe sie ganz einfach lächeln.

ANTOINE DE SAINT-EXUPÉRY, *Flug nach Arras*

Verletzungen, vor allem der Frakturen, die man nicht mehr zählen konnte, die chronischen Nierenschmerzen, die heftigen Migräneanfälle schwächten ihn, ließen ihn mutlos werden, trieben ihn in Depressionen.

Hinzu kam, dass er sich in New York nicht wohl fühlte, dass er mit dem *american way of life* nicht zurechtkam. Und dass er mit seiner Botschaft, die er im *Flug nach Arras* doch unmissverständlich zum Ausdruck gebracht hatten, in der Öffentlichkeit zunächst nicht durchdrang. Wie konnte es sein, dass die Amerikaner sich derart in ihrer *splendid isolation* gefielen, sich auf ihre eigenen Probleme zurückzogen, während die Welt in Flammen aufging? Warum verstanden sie nicht, was auf dem Spiel stand? Wieso erkannte die größte demokratische Nation der Welt nicht, dass es in dem Krieg, der im fernen Europa tobte, um das Schicksal von Freiheit und Demokratie überhaupt ging?

Im April und Mai 1942 hielt Saint-Exupéry – begleitet von Consuelo – eine Reihe von Vorträgen in Kanada. Seine Botschaft: »Franzosen, versöhnt euch, wenn ihr nützlich sein wollt.« Über dieses Thema schrieb er auch in der kanadischen und amerikanischen Presse.

Der lange, unfreiwillige Aufenthalt auf dem amerikanischen

Kontinent brachte nicht nur turbulente Jahre in der Ehe von Consuelo und Antoine mit sich, sondern auch in erotischer Hinsicht einige Turbulenzen. Eine eher vorübergehende, aber trotzdem intensive Liebschaft verband Saint-Exupéry zu dieser Zeit mit der französischen Schauspielerin Natalie Paley. Ihre Nähe, die Aufmerksamkeit, die sie dem Schriftsteller in einer schwierigen Lebensphase entgegenbrachte, empfand Saint-Exupéry als wohltuend. Doch aus dem Dilemma, sich wie ein Mann zu verhalten und gleichwohl verwöhnt werden zu wollen wie ein Kind, konnte ihn auch Natalie Paley nicht befreien.

Dieser Brief wird Ihnen vielleicht noch dümmer vorkommen als der andere. Und zwecklos. Aber ich brauche eine Sprache, die einen Sinn hat. Ich spiele nicht mit dem Frühling. Und auch nicht mit den Wundern. Dies ist alles sehr fremd für mich. Sie können jetzt nichts besseres tun, als auf meine Stirn die Hand einer guten Hirtin zu legen. Ich war verwirrt und unglücklich: Richten Sie mich wieder auf. Ich war blind: Erleuchten Sie mich. Ich war schroff und hart: Lass mich in meiner Liebe großmütig werden. Tu mir nicht zu sehr weh, wenn dies nicht sehr notwendig ist, und bewahre mich davor, dir dies jemals anzutun. Und mögen Sie in Frieden mit sich leben, für immer. Antoine

ANTOINE DE SAINT-EXUPÉRY, Brief an Natalie Paley, New York, um 1942

Als Saint-Exupéry Anfang 1942 zu Gast bei Lewis Galantière, dem Übersetzer von *Wind, Sand und Sterne*, gewesen war, wurde ihm Silvia Hamilton vorgestellt, eine junge, erst achtundzwanzigjährige New Yorker Journalistin, mit der er sich angeregt über die politische Situation unterhielt. Seine Stimmung war gedrückt, der lange Aufenthalt in den Vereinigten Staaten lähmte ihn, während er doch darauf brannte, für Frankreich zu kämpfen. Die Monate vergingen mit langem Warten auf die notwendigen Papiere. Saint-Exupéry beschäftigte sich nun unermüdlich mit einem neuen Projekt, das zur *idée fixe* geworden war. Die Figur eines kleinen Jungen ging ihm durch den Kopf, die er immer wieder auf seine Papiere kritzelte. Und dazu eine Geschichte, ein Märchen über einen kleinen Prinzen, den es von seinem fernen Planeten auf die Erde verschlagen hatte.

So ist sein berühmtestes Werk eigentlich ein Produkt dieser unfreiwilligen Wartezeit: Während des Sommers hatte er mit der Niederschrift von *Der Kleine Prinz* begonnen, zu dem er selbst die Illustrationen anfertigte. Er arbeitete auch bereits an *Citadelle*, den Text nachts ins Diktaphon sprechend. An diesem Buch *Die Stadt in der Wüste*, einem philosophischen Werk mit wegweisenden und prophetischen Worten über die in seinen Augen brennendsten Probleme der Zeit feilte er bis zu seinem Tod; die letzte Überarbeitung konnte er nicht mehr abschließen.

Und er schrieb *Lettre à un Otage* (*Brief an einen Ausgelieferten*), in dem sich das Schicksal der Heimatlosen spiegelte. Wehmütig schilderte er Lissabon, die Stadt, in der die Flüchtlinge und Exilanten vom europäischen Kontinent Abschied nahmen. Die ihn noch einmal anlächelte »mit jenem etwas blassen Lächeln der Mutter, die von ihrem Sohn im Felde keine Nachricht hat und nun versucht, ihn durch ihr Vertrauen zu schützen.« Und er zeigte die Emigranten, zu denen er selbst gehörte, »wie Seefahrer, denen man die Braut fortgenommen hatte. Keine Braut zündet für uns im Fenster ihre demütige Lampe an. Wir

waren verlorene Kinder ohne ein Haus der Heimkehr. Dann erst fängt die wahre Reise an, die Reise aus sich selbst heraus.«

Die Freundschaft zu Silvia Hamilton war jedoch über intellektuelle Gespräche mittlerweile hinaus gewachsen und längst auch von erotischer Anziehung bestimmt. Als Saint-Exupéry sich schließlich nach Nordafrika einschiffte, war es ein Abschied für immer: »Ich würde dir gerne ein ganz besonderes Geschenk machen, aber das ist alles, was ich habe«, erklärte er Silvia vor der Abreise. Und dann legte er ihr seine alte Zeiss Ikon in die Hände. Und das Manuskript *Der Kleine Prinz* – das heute in der Pierpont Morgan Library in New York aufbewahrt wird. Als im fernen Amerika das Buch erschien, das ihn in den literarischen Olymp trug, und *Der Kleine Prinz* im New Yorker Verlag Reynal & Hitchcock das Licht der Welt erblickte, war Saint-Exupéry schon auf dem Weg zurück auf den Kriegsschauplatz Europa und Nordafrika.

Geliebte Mama, Didi, Pierre, ihr alle, die ich so liebe, aus tiefstem Herzen, was wird aus euch, wie geht es euch, wie lebt ihr, was denkt ihr? Er ist so, so traurig, dieser lange Winter. Und doch hoffe ich so sehr, dass Sie mich in einigen Monaten vor deinem (Ihrem) Kaminfeuer in die Arme schließen können, meine kleine Mama, meine alte Mama, meine zärtliche Mama; ich hoffe, ich kann Ihnen dann alles sagen, was ich denke, alles mit Ihnen bereden, wobei ich Ihnen so wenig wie möglich widerspreche … Meine liebe kleine Mama, ich habe Sie lieb. Antoine

ANTOINE DE SAINT-EXUPÉRY, *Brief an seine Mutter, 5. Januar 1944*

DER WEG ZURÜCK

Nachdem er André Gide in Algier wiedergesehen hatte, stieß Saint-Exupéry am 5. Mai endlich zu »seiner« Fernaufklärungsstaffel 2/33. Wieder wurde ihm mitgeteilt, er sei zu alt für's Cockpit und für das Bedienen einer Maschine. Er war nun einmal keine Dreißig mehr, das Durchschnittsalter der Piloten. Mit dem Flugverbot, so schrieb er in seinen Briefen aus dieser Zeit, habe er seinen Lebensinhalt verloren. Er fühlte sich ausgebrannt, müde, kraftlos, kämpfte mit Schmerzen. Das politische und militärische Geschehen raubte ihm jede Hoffnung. Was sollte er hier? Fliegen durfte er nicht mehr, in Frankreich war der Autor nach wie vor *persona non grata*. Seine Bücher waren von der Zensur verboten, es zirkulierte jedoch ein geheimer Nachdruck des Romans *Flug nach Arras*.

Er musste einfach wieder in die Luft! Da er ein prominenter Flieger war, konnte er sich wenigstens Gehör verschaffen. So setzte Saint-Exupéry alle Hebel in Bewegung, um wieder zur Gruppe 2/33 zurückkehren zu können. Und er absolvierte auch das erforderliche Training, indem er sich für die in Aufklärungsflügen eingesetzten Maschinen vom Typ Lightning P 39 ausbilden ließ. Wenigstens für eine begrenzte Zahl von Aufklärungsflügen wollte er reaktiviert werden. Schließlich erhielt er im April 1944 auf sein hartnäckiges Drängen hin die Erlaubnis, ein paar Flüge durchzuführen, vom inzwischen von den Amerikanern besetzten Sardinien, dann vom zurückeroberten Korsika aus.

Doch er selbst war schon am *point of no return*. Seinen wahren Zustand, den er beim Militär verheimlichte, hatte er seiner Frau Consuelo in einem erschütternden Brief gestanden: »Ich habe eine Menge Unfälle erlitten. Nicht einmal mit dem Fallschirm kann ich mehr abspringen. An zwei oder drei Tagen bockt meine Leber, jeden zweiten Tag fühle ich mich seekrank. In einem Ohr rauscht es Tag und Nacht.« Er spürte sich dem Ende nahe: »Ich fühle mich so unendlich müde. Und dennoch ziehe ich los, ich, der ich die besten Gründe hätte, zu Hause zu bleiben, der ich zehn Gründe vorweisen könnte, um vom Kriegsdienst freigestellt zu werden, der ich bereits meinen Krieg hinter mir habe, und nicht den leich-

testen. Ich ziehe los. Ich habe die nötigen Zusagen erhalten. Ich ziehe in den Krieg. Ich kann es nicht ertragen, fern von denen zu sein, die Hunger leiden. Ich kenne nur ein Mittel, um mit meinem Gewissen Frieden zu machen, und das heißt leiden, so viel es geht. So viel Leid wie möglich erfahren.«

DER LETZTE FLUG

Er war am Ende. Es waren die letzten Tage vor seinem Tod. Das allgegenwärtige Sterben war für ihn fast zu einer Obsession geworden. Nicht nur in seinen Texten und Briefen, sondern auch in Gesprächen mit Freunden und Kameraden »ging er immer wieder der Frage der Absurdität des Todes nach; aber auch dessen Unausweichlichkeit und die Machtlosigkeit des Menschen angesichts dieser unumstößlichen Wahrheit beschäftigten ihn. Aus der Einsicht in die Unvermeidbarkeit des Todes versuchte er dem Opfer des Lebens, das der Krieg den Menschen aufzwang, einen Sinn zu geben« (Nathalie des Vallières und Roselyne de Ayala).

Doch war er auch des Lebens überdrüssig? Wünschte er sich den Tod? »Es wird aussehen, als wäre ich tot, und das wird nicht wahr sein«, hatte der kleine Prinz in der Wüste seinem Freund anvertraut, bevor er zu seiner letzten Begegnung mit der Schlange aufbrach. Sprach aus dieser Haltung nur Gelassenheit oder auch Resignation, ein Einverständnis gar mit dem Zwangsläufigen, das er auf sich zukommen sah?

Acht Aufklärungsflüge absolvierte Saint-Exupéry von Mai bis Ende Juli 1944. Sein letzter Flug sollte ihn über die Gegend von Grenoble-Ambérieu-Annecy führen.

In der Nacht zuvor hatte er kaum geschlafen. Nach dem Diner im Restaurant Sablette in Miomo hatte er wie so oft seine Kameraden mit Karten- und Taschenspielertricks unterhalten. Dann war er durch die Bars von Bastia gezogen und sehr früh am Morgen zum Dienst erschienen – scheinbar glücklich, endlich aufzubrechen, in Wirklichkeit jedoch fühlte er sich wie ein Wrack, voller Schmerzen.

Es war ein klarer Tag, beim Start an diesem sonnigen Morgen des 31. Juli 1944 gab es keine Probleme mit dem Wetter. Um 8.45 Uhr hob Saint-Exupéry auf dem korsischen Flughafen Borgo mit seiner Lightning zu einem Erkundungsflug über das französische Alpengebiet um Genoble und Annecy ab. Die Landung der Alliierten in der Provence, nach der in der Normandie, stand unmittelbar bevor.

Saint-Exupéry, allein im engen Cockpit, war unbewaffnet;

die Bordkanonen waren durch Kameras ersetzt. Er konnte sich nicht verteidigen, sondern musste sich auf die Schnelligkeit und das außerordentliche Steigvermögen des Flugzeugs verlassen, das kartografische Aufnahmen aus zehntausend Metern Höhe machen sollte.

Dann beginnt das Sterben, das nichts anderes ist als das Hin- und Herpendeln eines Bewusstseins, das von den Fluten des Gedächtnisses stetig entleert und wieder gefüllt wird. Diese Fluten kommen und gehen, den Gezeiten des Meeres gleich, und bringen wieder, was sie zuvor mit sich nahmen – den ganzen Vorrat an Bildern, alle Muschelschalen der Erinnerung, das Rauschen der ein Leben lang gehörten Stimmen. Die Fluten steigen wieder empor, sie benetzen die Algen des Herzens und alle Zärtlichkeit ist wieder belebt. Aber die Tag-und-Nacht-Gleiche bereitet schon den endgültigen Rückzug vor, das Herz leert sich, die Fluten und alle ihre Gaben kehren heim zu Gott. Gewiss, ich habe Menschen vor dem Tod fliehen sehen, schon vor der Zeit geängstigt von der Gegenüberstellung. Doch diejenigen, die sterben, belehren uns eines Besseren. Noch nie habe ich einen Sterbenden von Schrecken gepeinigt gesehen.

ANTOINE DE SAINT-EXUPÉRY, Auszug aus dem Manuskript von *Die Stadt in der Wüste*

Im Cockpit vor einem seiner letzten Flüge.

Um 10.30 Uhr verlor die Bodenstation den Kontakt, Saint-Exupéry meldete sich nicht mehr. Seine Rückkehr war zwischen 12.35 und 13.00 Uhr vorgesehen; sein Flugzeug verfügte nur über Treibstoff für wenige Stunden. Um 14.30 Uhr musste man die Hoffnung auf seine Rückkehr aufgeben: Antoine de Saint-Exupéry wurde als vermisst gemeldet. Die US-Leitstelle in Korsika verzeichnete ihn als *presumed lost*.

Er war verschollen. Aus dem Himmel gefallen wie Ikarus. Er kehrte nicht zurück. Am 8. September 1944 wurde er offiziell für tot erklärt.

DAS RÄTSEL DES VERSCHWINDENS

Der ungeklärte Tod des schriftstellernden Fliegers war das beinahe mythische Ende eines bereits von Mythen und Legenden umrankten Lebens, dessen Faszination seitdem eher zu- als abgenommen hat.

Noch immer kursieren zahlreiche Spekulationen über die Umstände seines Verschwindens; das Drama um den Tod des berühmten Fliegers wurde nie aufgeklärt. Immer wieder wurde geforscht, um das »letzte Geheimnis« dieses mysteriösen Rätsels um den Tod von Saint-Exupéry zu lüften. Manchmal geistern neue »sensationelle« Meldungen über Funde und Theorien durch die Medien. Ob ihn nun die deutsche Luftwaffe abgeschossen hat? Am 31. Juli 1944 ist in den Berichten kein Abschuss verzeichnet. Absturz nach technischem Defekt? Selbstmord? Es war ja sein letzter Flug, weitere Flüge waren ihm nicht zugestanden worden.

Im Jahr 1998 fand der Fischer Jean-Claude Bianco ein Silberarmband im Mittelmeer, südlich von Marseille, östlich der Île de Riou: Es trägt eine Gravur mit dem Namen Saint-Exupéry und die Inschrift seines amerikanischen Verlages Reynal & Hitchcock.

Teile der Maschine Saint-Exupérys wurden schließlich im Jahr 2000 von Luc Vanrell auf dem Grund des Mittelmeers geortet und im Herbst 2003 geborgen; 2004 konnte anhand einer eingravierten Registriernummer an einem der beiden Motoren eine zweifelsfreie Identifizierung vorgenommen werden. Von Saint-Exupéry selbst gab es jedoch keine Spuren mehr. Das Rätsel bleibt wohl ungelöst. Der Mythos Saint-Exupéry wird Bestand haben, so oder so.

Antoine de Saint-Exupéry ließ »in den Herzen derer, die ihn lächeln sahen, und sei es auch nur ein einziges Mal, eine unheilbare Wunde zurück.«

Die Rose des Kleinen Prinzen

CONSUELO DE SAINT-EXUPÉRY –

GELIEBTE UND MUSE

Antoine de Saint-Exupéry und die Frauen – das ist ein Kapitel für sich. Von einigen seiner Freundschaften, Affären und Amouren war bereits die Rede. Als seine Muse, die Rose im Kleinen Prinzen, *kann zweifellos Consuelo de Suncin gelten, die Tochter eines Colonels und reichen Besitzers einer Kaffeeplantage.*

Zwanzig Jahre nach ihrem Tod wurden ihre Memoiren veröffentlicht: Consuelo de Saint-Exupéry war dreizehn Jahre mit dem Fliegerhelden verheiratet – und blieb ihm in leidenschaftlicher Liebe verbunden. Ihr Buch zeigt nicht nur ihren Mann in einem neuen Licht – es ist das Vermächtnis einer großen Liebenden.

EIN UNGLEICHES PAAR

Was alle Welt überraschte: In ihren Erinnerungen wird eine tiefe und wilde, auch verzweifelte Liebe sichtbar. Antoine de Saint-Exupéry erscheint in diesen privaten Aufzeichnungen nicht nur als poetischer Fliegerheld, sondern auch als verunsicherter, neurotischer Mann, den Consuelo trotz seiner notorischen Untreue über alles liebte. Mit sechsundzwanzig Jahren war sie bereits Witwe, als Saint-Exupéry sie 1930 in Argentinien kennenlernte und ein Jahr später in Frankreich heiratete.

»Es war ein höchst ungleiches Paar, das sich am 23. April 1931 auf Schloss Agay bei Cannes vor dem Priester einfand«, beschreibt Romain Leick im SPIEGEL das Bild vom Brautpaar. »Die Frau, klein, zerbrechlich und von südländischer Schönheit, wirkte auf die Trauzeugen wie ein exotischer Vogel. Der Mann, ernst und massig, im Sonntagsanzug, sah aus wie ein Bauer, der von einer Beerdigung kommt.«

Wie ein Traumpaar wirkten sie irgendwie nicht. Passten sie

überhaupt zusammen? Wohl eher nicht. War es die große Liebe? Vielleicht, wir werden sehen. Saint-Exupéry hatte es schon zu einer gewissen Prominenz gebracht: Damals dreißig Jahre alt, war er nicht nur als Flugpionier, sondern auch als Autor eines ersten, vielbeachteten Romans (*Südkurier*) im Gespräch.

VERLIEBT ÜBER DEN WOLKEN

Saint-Exupéry hatte die Schönheit aus El Salvador 1930 in Buenos Aires kennengelernt, bei einem Cocktail-Empfang wurde er ihr vorgestellt. Er erschien ihr so groß und so fremd, dass Consuelo zu ihm aufblicken musste. Mit festem Händedruck schob er sie in einen Sessel, ging vor ihr in die Hocke, hielt sie am Arm fest und redete auf sie ein. Es war die ganz große Charmeoffensive. Und sogleich musste er – damals Chef der Aeroposta, der Luftpostgesellschaft, die nach Patagonien flog – ihr imponieren, indem er sie mitsamt ihren Freunden zum Flughafen außerhalb der Stadt brachte, wo sie die silbrige Maschine dieses Herrn der Lüfte erwartete. Consuelo hatte Angst vorm Fliegen, aber »wir waren

ihm ausgeliefert«, erzählte sie. Saint-Exupéry nötigte sie auf den Sitz des Co-Piloten. Die anderen Gäste nahmen hinter einem dicken Vorhang in der Passagierkabine Platz.

Der seltsame Franzose erzählte amüsante, spannende, unglaubliche Geschichten über die Fliegerei. Es schien ihn zu amüsieren, seiner Begleiterin Angst einjagen zu können, als er die Maschine über dem Río de la Plata mutwillig steigen und sinken ließ. Plötzlich legte er die Hand auf Consuelos Knie und streckte ihr die Wange entgegen: »Würden Sie mich küssen?«

Consuelo verging vor Angst, blieb aber störrisch. Saint-Exupéry lachte nur und griff dann zu einem Trick, den er womöglich schon öfter angewandt hatte: Er stellte den Motor ab. »Küssen Sie mich, oder ich lasse die Maschine abstürzen«, verlangte er.

Doch Consuelo ließ sich auch davon nicht beeindrucken. Sie sagte, das mache ihr nichts aus, sie sei sowieso traurig, da sie gerade erst ihren Mann verloren habe. Saint-Exupéry startete den Motor von neuem und probierte einen Erpressungsversuch anderer Art: »Ich weiß, Sie küssen mich nicht, weil ich zu hässlich bin«, sagte er. Consuelo sah Tränen über seine Wangen rollen und auf die Krawatte tropfen, »und mein Herz zerfloss vor Zärtlichkeit«. Sie küssten sich minutenlang, während das Flugzeug schaukelte, stieg und sank. Allen Passagieren war übel, hinter sich hörten die beiden sie jammern und stöhnen. Doch was war das gegen das neue Hochgefühl, das die frisch Verliebten gerade erfasst hatte?

Noch auf diesem in jeder Hinsicht turbulenten Flug machte

Saint-Exupéry seiner neuen Flamme einen Heiratsantrag. Er nahm ihre Hände und rief begeistert: »Was für winzige Händchen! Kinderhände! Schenken Sie sie mir für immer!«

Eine romantische Liebesszene in Cinemascope; kein Hollywood-Regisseur hätte den Kitsch-Faktor besser hinbekommen. Ungestüm hatte sich Saint-Exupéry in Consuelos Leben gedrängt, und obwohl ihr rasch Bedenken gegen »diese unmögliche Verbindung mit einem grimmigen Vogel« kamen, brachte sie nicht den Mut auf, sich seiner zu erwehren. Der romantische Fliegerheld überschüttete sie mit Liebesbriefen, Gedichten, Aufmerksamkeiten aller Art und legte ihr alles zu Füßen: sein Herz, seinen Namen, sein Leben.

Damit hatte eine Liebesgeschichte begonnen, die an Turbulenzen kaum zu überbieten war: Leidenschaftlicher Überschwang, exaltierte Gesten, bittere Verletzungen, stürmische Versöhnungen wechselten einander ab. Sie schenkten sich wahrlich nichts. Nicht einmal die subtilen Methoden emotionaler Erpressung. Was Antoine wohl richtig gut gefallen haben musste, war das Spielchen »Sex gegen Schreiben«. Die beiden Verlobten mieteten sich ein kleines Haus, am Abend schloss Consuelo ihren Verlobten in sei-

nem Arbeitszimmer ein, und er durfte erst zu ihr, wenn er fünf oder sechs fertige Manuskriptseiten vorweisen konnte. Dann schloss sie die Tür zum Schlafzimmer auf – und ihn in ihre Arme.

DER KLEINE VULKAN

Von einer Hochzeit auf argentinischem Boden jedoch wollte Antoine nichts wissen. Nein, die musste in Frankreich stattfinden, mit *Maman* und der ganzen Familie. Doch die aristokratischen Saint-Exupérys waren alles andere als erfreut, als Antoine das Vögelchen aus El Salvador mitbrachte. Ja, sie standen unter kollektivem Schock, denn diese heißblütige, temperamentvolle und wohl kein Blatt vor den Mund nehmende Südamerikanerin mit den glutvollen Augen, dieses »Luder« musste den arglosen, schüchternen Antoine ganz offensichtlich verführt, wenn nicht gar verhext haben.

Die Familie war recht erfinderisch, die ziemlich nonkonformistische und verhaltensauffällige Consuelo sozusagen auf Abstand zu halten. »Die Kino-Gräfin« oder »das wunderliche, launische Persönchen« waren noch die harmlosesten Etiketten, mit denen die Familie Consuelo herabzusetzen und gegenüber ihrem Mann und ihren Freunden in Misskredit zu bringen suchte. In Antoines Freundeskreis nannte man sie theatralisch den »kleinen Vulkan aus El Salvador, der Feuer über die Dächer von Paris speit«.

Da konnte Consuelo noch so sehr mit lateinamerikanischen Adelstiteln und Maya-Vorfahren prunken, die sie flugs erfand, um sich aus der unstandesgemäßen Affäre zu ziehen. Für die Saint-Exupérys war und blieb sie die Kaffeeplantagen-Tochter, deren blühende Fantasie gegen die aristokratische Hochnäsigkeit, die ihr entgegenschlug, nichts auszurichten vermochte.

Consuelo passte einfach nicht ins Bild vom strahlenden Fliegerhelden und großen Prinzen, nach dem Tod Saint-Exupérys schon gar nicht. Man versuchte sie zu ignorieren, sie totzuschweigen, sie zu marginalisieren. Oder man verspottete sie als flatterhaft, kokett, eben als nicht *comme il faut*. Und dann dieser Hauch von Bohème, der sie umschwebte – Consuelo war Bildhauerin und Malerin und nahm ihre künstlerische Tätigkeit auch nach ihrer Heirat wieder auf.

LEIDENSCHAFT UND EIFERSUCHT

Es mag ein Klischee sein, dass ein Mann Zeit seines Lebens in anderen Frauen die eigene Mutter sucht – und doch trifft dies für Saint-Exupéry in besonderem Maße zu. Der Fliegerpoet, der ja stets vom Ideal einer verständnisvollen und warmherzigen Gefährtin geträumt hatte, glaubte in Consuelo eine Frau gefunden zu haben, die er wie ein tapferer Ritter beschützen konnte. »Es ist schrecklich, wenn man jemanden zurücklässt, der einen braucht wie Consuelo«, schrieb er am 3. Januar 1936 an seine Mutter, kurz nachdem er nach seinem, Flugzeugabsturz in der libysch-ägyptischen Wüste gerettet worden war.

Doch es war wohl so, dass ihre leidenschaftliche Liebe immer wieder von dunklen Seiten überschattet wurden – von Antoines Ängsten und Depressionen, Seitensprüngen und Scheidungsabsichten. Sie war reich, ja überreich an Irritationen und Beschwörungen, Brüchen und Wiederannäherungen, heftigen Ausbrüchen und großen Auftritten, Streit und Schweigen, plötzlichen Abreisen und idyllischen Augenblicken vollkommenen Glücks. Sie war – wie jede unsterbliche Liebe – große Oper mit spektakulären Momenten. Doch niemals zerbrach sie wirklich, trotz allen Schmerzes, trotz aller Erschöpfung, trotz aller Aufmerksamkeit und Bewunderung, die andere Männer Consuelo entgegenbrachten.

Doch wenn er ihr immer wieder versicherte, sie sei sein Trost, sein Stern und das Licht seines Herzens, so war das weder Lüge noch Gerede, es war wirklich so empfunden. Denn obwohl er Consuelo zusetzte und verletzte, sie verleugnete und dann anflehte, zu ihm zurückzukehren, ging sie ihm doch keinen Tag aus dem Sinn. Und trotz all der Musen und Mätressen, die ihn umflirrten, ihm schmeichelten, ihn mit Geschenken überhäuften und vielleicht auch sogar aufrichtig liebten, war Consuelo eigentlich zu keinem Zeitpunkt jemals aus seinem Leben wegzudenken. Ihre Erinnerungen zeigen aber auch, welch ein zerrissener, von inneren Widersprüchen getriebener, niedergedrückter und umgetriebener Mann Antoine de Saint-Exupéry war. Der während des Zweiten Weltkriegs, als er selbst schon im Exil in New York war, nichts dagegen hatte, dass sie sich einer Gruppe Kunststudenten im Luberon anschloss, deren Anführer ein Résistance-Netzwerk aufbaute.

NICHTS OHNE DIE FRAUEN

Wie in seiner Kindheit, waren es in Amerika vor allem Frauen, die Saint-Exupérys innerstes Bezugsfeld bildeten: Die Frauen seiner amerikanischen Verleger, Elisabeth Reynal und Peggy Hitchcock, kümmerten sich um ihn, als er nach New York kam, suchten ihm eine Wohnung und halfen ihm als Dolmetscherinnen. Er fand sich nur schwer zurecht. Also suchte er Trost und Nähe …

Neben Silvia Hamilton war Natalie Paley eine von Saint-Exupérys bevorzugten Gesprächs- und Briefpartnerinnen. Die russische Fürstin, als Nichte des Zaren Alexanders III. eine Romanow, war vor dem Krieg in Frankreich eine gefragte Filmschauspiele-

Pour mon Tonnio
son poussin
qui t'aime à l'infini –
Consuelo – 1935.

rin gewesen und lebte nach ihrer Heirat mit einem Pariser Modeschöpfer seit 1937 in New York. Voller Zärtlichkeit und verzweifeltem Liebeswunsch, aber auch Aufrichtigkeit sind Saint-Exupérys Briefe an Natalie: »Wie könnte ich denn nicht erkennen, dass ich bei der Hand genommen worden bin? Das erste Mal seit langer Zeit schließe ich die Augen über dem Frieden meines Herzens. Ich brauche meinen Weg nicht mehr zu suchen. Man kann mich nicht daran hindern, die Augen zu schließen, wenn ich glücklich bin ... Ich habe dich in mir wie einen wunderbaren Schutz. Natürlich werde ich dir wehtun. Natürlich wirst du mir wehtun. Natürlich werden wir uns Leid zufügen, doch das ist die Bedingung unserer Existenz. Wer das Frühjahr will, geht auch das Wagnis des Winters ein. Wer die Gegenwart will, geht auch das Wagnis der Abwesenheit ein.«

Spielten Frauen in seinen Werken auch keine besondere Rolle – bis auf Geneviève in *Südkurier*, Fabiens Ehefrau in *Nachtflug* und die Rose im *Kleinen Prinzen* – in Saint-Exupérys Leben waren sie stets sehr präsent: »Ich habe viele Liebesgeschichten erlebt, wenn man das Liebe nennen kann. Aber ich habe nie die wahren Worte dafür missbraucht. Ich habe nie ›meine Geliebte‹ oder ›mein geliebter Schatz‹ gesagt, weder um zu verführen noch um zu behalten. Ich habe diese Worte nicht mit der Lust vermengt. Es war häufig sogar grausam von mir, sie nicht zu gebrauchen. Sie sind mir in meinem Leben vielleicht drei Mal über die Lippen gekommen. Selbst wenn ich ein sehr inniges Gefühl empfand, sagte ich mir: ›Ich bin ganz zärtlich gestimmt‹, ich sagte nie: ›Ich liebe‹.«

Antoine konnte oder wollte nicht über sich selbst sprechen. Seine Art, die Welt zu sehen und zu empfinden, rührte gewiss aus seiner Kindheit ... Demjenigen, der ihm zuhörte, gab er sich stets vollständig hin. Ich erinnere mich an einen seiner Sätze: »Man muss die Menschen lieben, ohne es ihnen zu sagen.« Diese Worte beschreiben seinen Charakter: Er liebte die Menschen, vergeudete seine Zeit aber nicht damit, ihnen die Aufmerksamkeit und Zuneigung zu erklären, die er ihnen schenken konnte. Die Liebe war für ihn eine natürliche Sache. Diejenigen, die mit ihm lebten, ertrugen das nur schwer, weil er immer sein ganzes Wesen mit sich nahm. Wenn er ging, dann vollständig und restlos. Aber er wusste auch ebenso ungeteilt und ganz zurückzukehren, ohne ein Körnchen seiner selbst anderswo zu vergessen. Seine körperlichen und geistigen Kräfte waren gesammelt, in Übereinstimmung miteinander und beinahe unerschöpflich ... Ich liebte ihn für sein Ungeschick, seine Dichterallüren, sein Äußeres eines Riesen, das einen sensiblen Geist verbarg. Er vermochte ebenso mühelos schwere Gewichte zu bewegen, wie er geschickt aus feinstem Papier Flugzeuge ausschnitt, die er auf unserer Terrasse in den Himmel warf und auf die Nachbarhäuser hinabsegeln ließ ...

CONSUELO DE SAINT-EXUPÉRY

DER SCHMALE GRAT

Mit dem Buch *Nachtflug*, an dessen Entstehen Consuelo schon in Argentinien erheblich Anteil genommen hatte, war der Fliegerpoet in Frankreich zum literarischen Kultstar aufgestiegen. Die Saint-Exupérys waren auf so ziemlich jeder Party anzutreffen, die in der Intellektuellen-Szene stieg, kein Empfang ohne den schreibenden Flieger und seine bezaubernde und alle Gäste mit ihrem Charme und ihrem Temperament betörende Frau. Doch Consuelo musste die bittere Erfahrung machen, dass ihr Held den Avancen seiner zahlreichen Verehrerinnen keineswegs heldenhaft widerstand. Wenn er nach Hause kam, erzählte sie, waren seine Taschentücher voller Lippenstift. Die parfümierten *Billets doux* seiner weiblichen Fans versteckte er zwischen seiner Wäsche.

Immer reizbarer wurde Consuelo, immer mehr setzten ihr Asthma und Migräneanfälle zu, immer wieder machte sie Antoine heftige Szenen. Hinzu kamen häufige Umzüge, Geldnöte, Unfälle und Abstürze des Piloten, ewiges Warten auf seine Rückkehr – das alles trieb die ohnehin schon zur Exaltiertheit neigende Latina fast in den Wahnsinn. Aufenthalte in Schweizer Nervenkliniken vermochten nichts auszurichten, ja verschlimmerten noch ihr Leiden. Ob Antoine ihr großes Mitgefühl entgegenbrachte, sich um sie sorgte, sie gar verstand? Jedenfalls hat Consuelo es nicht so empfunden, folgt man den Schilderungen in ihren Memoiren. Doch sie musste immer für ihn da sein, ihn stets bedingungslos umsorgen. So fielen lange Schatten auf diese »unsterbliche Liebe«. Es ist müßig darüber zu spekulieren, auf wessen Schuldkonto die Ausbrüche und Ausflüge in außereheliche Gefilde gingen. War Saint-Exupéry notorisch untreu, womöglich aus Gleichgültigkeit oder gar Missachtung? Erkalteten die leidenschaftlichen Gefühle unter dem kühlen Fliegerhimmel, wo er sich als allen irdischen Sorgen und Konventionen entrückt fühlen konnte?

Die Ehe der Saint-Exupérys bewegte sich schließlich auf sehr schmalem Grat, mehrmals schien sie am Ende zu sein. Consuelo erkannte, dass ihre Erwartungen schlicht auf einem Irrtum beruhten: »Ich glaubte, auch ich besäße ein Recht auf die Bewunderung, die seinem Werk zuteil wurde. Ich glaubte, es gehöre uns beiden. Tatsächlich ist die Schöpfung eines Künstlers dessen urei-

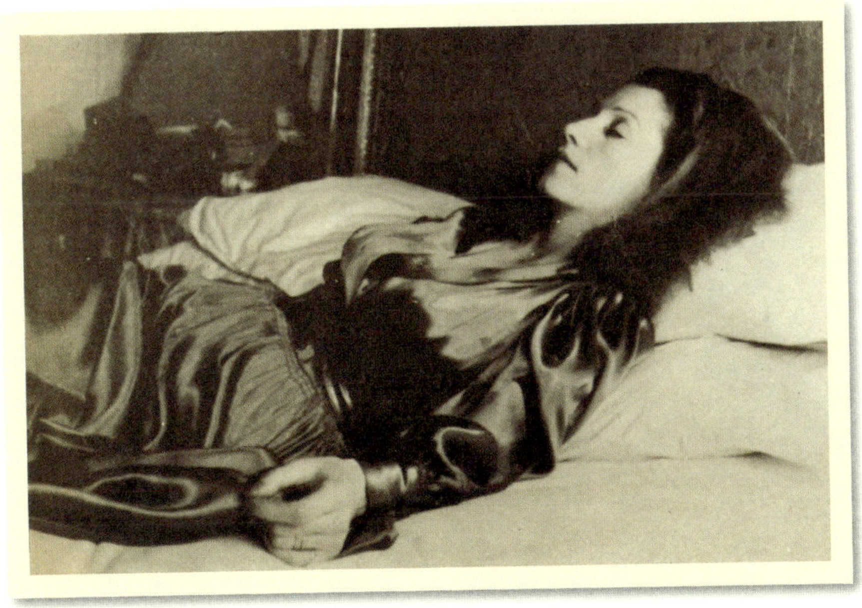

genster Besitz.« Sie gingen beide ihrer Wege, lebten faktisch getrennt, konnten sich aber zu einem Schlussstrich nicht aufraffen. Antoine konnte nicht von ihr, Consuelo nicht von ihm lassen. Immer wieder kam er unangemeldet zu Besuch, als sei sie seine Mätresse, die sich stets zu seiner Verfügung zu halten hatte. Ihre spontanen Besuche jedoch verbat er sich, schließlich war die Gefahr zu groß, dass sich bei ihm die Frauen über den Weg liefen.

Und doch: War er länger von Consuelo getrennt, vermisste er sie. Ohne ihre Leidenschaft und Lebendigkeit versank Saint-Exupéry in Melancholie, wurden die Phasen der Depression immer länger. Spätestens, als er 1943 von den USA aus nach Nordafrika wieder in den Krieg zog, wurde ihm bewusst, dass er ohne Consuelo nicht leben konnte. Er war physisch und psychisch am Ende, als er sich wieder in waghalsige Flugabenteuer stürzte, die diesmal bitterer Ernst waren. Beim Aufbruch hatte er versprochen, nach dem Krieg eine Fortsetzung des *Kleinen Prinzen* zu schreiben und sie Consuelo zu widmen – seiner »Rose«. Es war ganz offensichtlich: Antoine bereute es zutiefst, sie so egoistisch und ungerecht

behandelt zu haben. Bis zu seinem Tod war er abhängig von Consuelo, von ihrer Lebensfreude und ihrer nicht nachlassenden Liebesbereitschaft. »Schreiben Sie mir, schreiben Sie mir ab und zu«, flehte er seine in New York zurückgebliebene Frau zu seinem 44. Geburtstag an, wenige Wochen vor dem Absturz über dem Mittelmeer. »Ihr Brief bringt Frühling in mein Herz.«

CONSUELOS WAHRE BEDEUTUNG

Und Consuelo schrieb. Aber nicht immer schickte sie die Briefe auch ab. Sie schrieb sich vieles von der Seele, führte sogar nach Antoines Verschwinden noch einen imaginären Dialog mit ihrem Mann, in der Einsamkeit ihres amerikanischen Exils, und später noch, als sie nach Frankreich zurückkehrte, wenn auch nicht in den Schoß der Familie.

Für Alain Vircondelet, den Herausgeber ihrer Memoiren, muss die Beziehung zwischen Consuelo und Antoine als grundlegend für das Verständnis des Autors angesehen werden. »Wäre er ohne Consuelo wirklich *der* Saint-Exupéry geworden?« fragt er. Oder anders: Was wäre aus Antoine de Saint-Exupéry geworden, wenn er nicht *diese* Frau geliebt und diese Liebe immer wieder verraten hätte? Wenn er nicht immer wieder fortgegangen und geflohen und dann zurückgekehrt wäre zu diesem Bild der »idealen Frau«, das er in Consuelo gefunden zu haben glaubte. Und die sich ihm als Gemahlin anschmiegte, eifrig ihre Rolle spielte, indem sie seine Kleidung ordnete, seine Koffer packte, darauf achtete, dass er sich richtig ernährte, das Arbeitszimmer aufräumte, in dem er schrieb.

Und Antoine? So sehr er dieses Leben gesucht hatte, so wenig ertrug er es. Er wollte weiter leben wie bisher, innerlich frei und ungebunden, niemandem verpflichtet, tun und lassen, was ihm beliebte. »Sein Streben nach Unabhängigkeit steht jedoch im Widerspruch zu einer tief verwurzelten Abhängigkeit« (Alain Vircondelet). Daher diese rührende Anhänglichkeit, diese flehentlichen Bitten in den Briefen: »Consuelo, schmücken Sie sich für meine Rückkehr mit Blumen … Consuelo, mein kleines geweihtes Licht … Mein kleiner Spatz, halten Sie das Haus sauber … Schneidern Sie mir einen Mantel aus meiner Liebe … Consuelo, meine süßeste Pflicht …«

DIE INSPIRATION

In Frankreich erschien Consuelos Erinnerungsbuch unter dem Titel *Mémoires de la Rose*. Der Hinweis auf *Die Rose des kleinen Prinzen* (so der deutsche Titel) ist unübersehbar. Ja, im Grunde ist es eine Identifizierung, die Behauptung einer unaufgebbaren Identität zwischen Consuelo und dem wichtigsten Symbol im *Kleinen Prinzen*.

Consuelo, die Bildhauerin und Malerin, die den stets leicht melancholischen Saint-Exupéry mit ihrem stürmischen Temperament und überschäumenden Leichtsinn fesselte, war für ihn ein Symbol des Lebendigen. Die schöne Rose. Die eitle Rose. Die dornige Rose. Die er gezähmt, sich vertraut gemacht hatte. Die er verlassen hatte. Und nach der er eine unstillbare Sehnsucht empfand.

In dem großen, weißen Landhaus auf Long Island, in welchem er sich manchmal verlief, schrieb Saint-Exupéry den größten Teil seiner Geschichte vom *Kleinen Prinzen*. »In Bevin House«, erzählt Consuelo, »war er wirklich sehr glücklich. Wir hatten das Anwesen ›Das Haus des Kleinen Prinzen‹ getauft. Er verbrachte viel Zeit auf dem Dachboden, den ich ihm eingerichtet hatte.« Tage voller Glück, wenn er sich in dieses Atelier zum Schreiben zurückziehen konnte, die kleinen Zeichnungen anfertigte, die dem Buch seinen wunderbaren Charme gaben. War es seine Geschichte, die er da zu Papier brachte? Oh ja, alle Motive entspringen seiner eigenen Erfahrung. Consuelo ist die Rose mit den vier Dornen. Schließlich gestand Saint-Exupéry, der *Kleine Prinz* sei aus dem »lodernden Feuer« ihrer Liebe geboren worden.

Nicht ohne Grund steht also die Rose im Mittelpunkt dieser bezaubernden Erzählung. »Du bist zeitlebens für das verantwortlich, was du dir vertraut gemacht hast«, sagt der Fuchs. Und der kleine Prinz: »Ich bin für meine Rose verantwortlich.« Consuelo hatte ihn zu dieser Episode inspiriert, und Saint-Exupéry bedauerte, sich seiner Rose gegenüber so ungerecht und undankbar gezeigt zu haben: »Aber ich war zu jung, um sie lieben zu können.« Nicht nur zu jung, auch zu schwach. Es braucht Stärke und Mut, sich der Schönheit einer Rose und dem Schmerz ihrer Dornen zu stellen.

Er wollte ihr den *Kleinen Prinzen* widmen, doch Consuelo bestand darauf, das Buch Léon Werth zuzueignen, seinem jüdischen Freund. Es war ein Fanal und ein Bekenntnis in einer Zeit, in der

es anderswo von höchster Gefahr war, sich zu jüdischen Freunden zu bekennen. Saint-Exupéry scheint es jedoch bis zu seinem Ende bedauert zu haben, nicht Consuelo dieses kleine Vermächtnis zu Füßen gelegt zu haben. Er versprach ihr, eine Fortsetzung zu schreiben, und dieses Mal sollte sie der Prinzessin seiner Träume gewidmet sein.

DER ABSCHIED

Als er in den Krieg zog und Abschied nahm, ließ er nicht nur Consuelo, sondern auch den *Kleinen Prinzen* zurück. »Ach, meine kleine Rose«, sagte er, melancholisch lächelnd. »Sei nicht eifersüchtig auf diesen Taubenschwarm, der hier im Exil mit mir auf Französisch gegurrt und mich zusammen mit all unseren Freunden bis zu deiner Tür begleitet hat. Ich konnte sie nicht abschütteln. Spring nicht zu hart mit ihnen um. Liebe, die keine Wurzeln besitzt, ist stürmisch und aufdringlich. Und ich gehe, das ist vorbei. Wenn ich weit weg bin, werden andere Gesichter kommen, andere Freunde und sogar andere Tauben, weißt du. Aber das ist etwas anderes. Mein Haus steht in deinem Herzen, und ich wohne für immer dort.«

Dann ging er und ließ die Rose, die er sich vertraut gemacht hatte, zurück. Wie gelähmt blieb Consuelo auf ihrem Bett liegen, verzweifelt, ohne Trost und ohne Schlaf. Wie lächerlich erschienen ihr jetzt ihre kleinen und großen Streitereien, ihre Obsessionen, ihre Eifersüchteleien, ihre Aufgeregtheiten. »Mein Liebster«, schrieb sie, »ich erinnere mich an das Geheimnis, das Sie mir ins Ohr flüsterten, als ich heiße Tränen weinte. ›Machen Sie mir einen Mantel aus Ihrer Liebe, Consuelo, meine Blume, und die Kugeln werden mir nichts anhaben können.‹ Ich webe Ihnen diesen Mantel, mein Liebster. Möge er Sie in alle Ewigkeit einhüllen. Nein, ich habe nicht versucht, Ihr Boot auf dem Hudson, der ins Meer führt, vorbeifahren zu sehen. Sie hatten mir erklärt, ohnehin würde ich nichts erkennen, da die elektrischen Lichter auf dem stahlgrauen Wasser fantastische Reflexe hervorrufen. Aber Sie haben mir versprochen, mich in diesem Moment in Ihrem Herzen so kräftig zu umarmen, dass ich Ihre Liebkosung mein Leben lang spüren würde. Und wenn Sie nicht zurückkehrten, würde der Fluss mir von der Kraft Ihres Kusses erzählen, mir von Ihnen sprechen. Von uns beiden.«

DIE MEMOIREN

Ab 1945 schrieb Consuelo ihre Erinnerungen auf, ohne an eine Veröffentlichung zu denken. Es entbrannte ein zäher, verschwiegener Kampf um das Erbe des Fliegerhelden, nicht nur um Geld, sondern vor allem um Deutungshoheit. Consuelo wollte als Witwe Saint-Exupérys von der Familie nicht an den Rand gedrückt werden; sie ließ aber auch keinen Schatten auf den immer stärker werdenden Mythos fallen, sondern behielt ihre Gedanken und Gefühle für sich.

In ihren Memoiren, die sie in einem Zug, mit dem bezaubernden Überschwang verfasste, mit dem sie alles in Angriff nahm, erscheint sie uns Leserinnen und Lesern verliebt und impulsiv, ergeben und rebellisch, naiv und energisch, treu und untreu, stark und dann wieder mutlos. »1946 bis 1979: Consuelos ganzes Leben mit Saint-Exupéry – Briefe und Dokumente, kleine Kritzeleien des Schriftstellers, Aquarelle, Porträts, Zeichnungen aus dem *Kleinen Prinzen*, alte Veranstaltungsprogramme, mit Figürchen voll gekritzelte Speisekarten, Telegramme, Landkarten, Postkarten und vollgeschriebene Notizbücher, unveröffentlichte Gedichte und Texte, Diplome und Hefte mit mathematischen Berechnungen: der Schatz eines Lebens – alles ruht in den Tiefen großer Überseekoffer. Als Schiffsfracht überqueren sie den Atlantik; Consuelo deponiert sie im Keller ihrer Pariser Wohnung« (Alain Vircondelet).

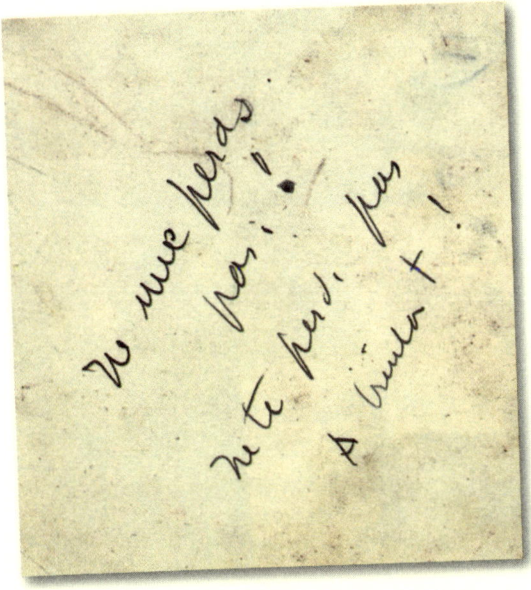

Consuelos Liebesbotschaft an Antoine: »Verlier mich nicht. Ich verliere dich nicht. Bis bald!«

Manchmal wagte sie es, nachts in den Unterlagen zu stöbern und sich den Erinnerungen, die auf sie einstürmen, auszusetzen, allein mit ihrer Trauer, allein mit ihrer Einsamkeit: »Niemals«, so schrieb sie, »öffne ich ohne zu zittern die Aktendeckel und die Kästen, in denen sich die Briefe meines Mannes türmen, seine Zeichnungen, seine Telegramme ... Diese vergilbten Blätter, übersät mit wunderschönen Blumen und kleinen Prinzen, sind die treuen Zeugen dieses verlorenen Glücks, von dem ich jedes Jahr ein wenig stärker ermesse, welche Gnade und Auszeichnung mir damit zuteil wurde.«

Als Consuelos Memoiren dann im Jahr 2000 – während der Feierlichkeiten zu Antoine de Saint-Exupérys 100. Geburtstag – von Alain Vircondelet aus den alten, vergessenen Koffern und Kisten hervorgekramt und in Frankreich publiziert wurden, war die Sensation perfekt. Sie sorgten für einigen Wirbel, da sie Saint-Exupéry in ein ziemlich anderes Licht rückten, in das vor allem die Familie ihn nicht gestellt sehen wollte. Dabei sind sie weder eine Abrechnung noch ein Racheakt – sie erzählen eben nur diese Liebesgeschichte aus der Perspektive der Frau, während man bisher gewohnt war, sie – wenn überhaupt – ausschließlich aus der Sicht des Fliegerhelden wahrzunehmen. Und sie zeigen durchaus auch düstere Seiten einer ja alles andere als unproblematischen Beziehung, sie bringen auch Consuelos Leiden an Antoine, seinen Besitzansprüchen, seiner ganzen Beziehungsschlamperei zur Sprache. Sollte er seine Frau tatsächlich wie sein Eigentum behandelt

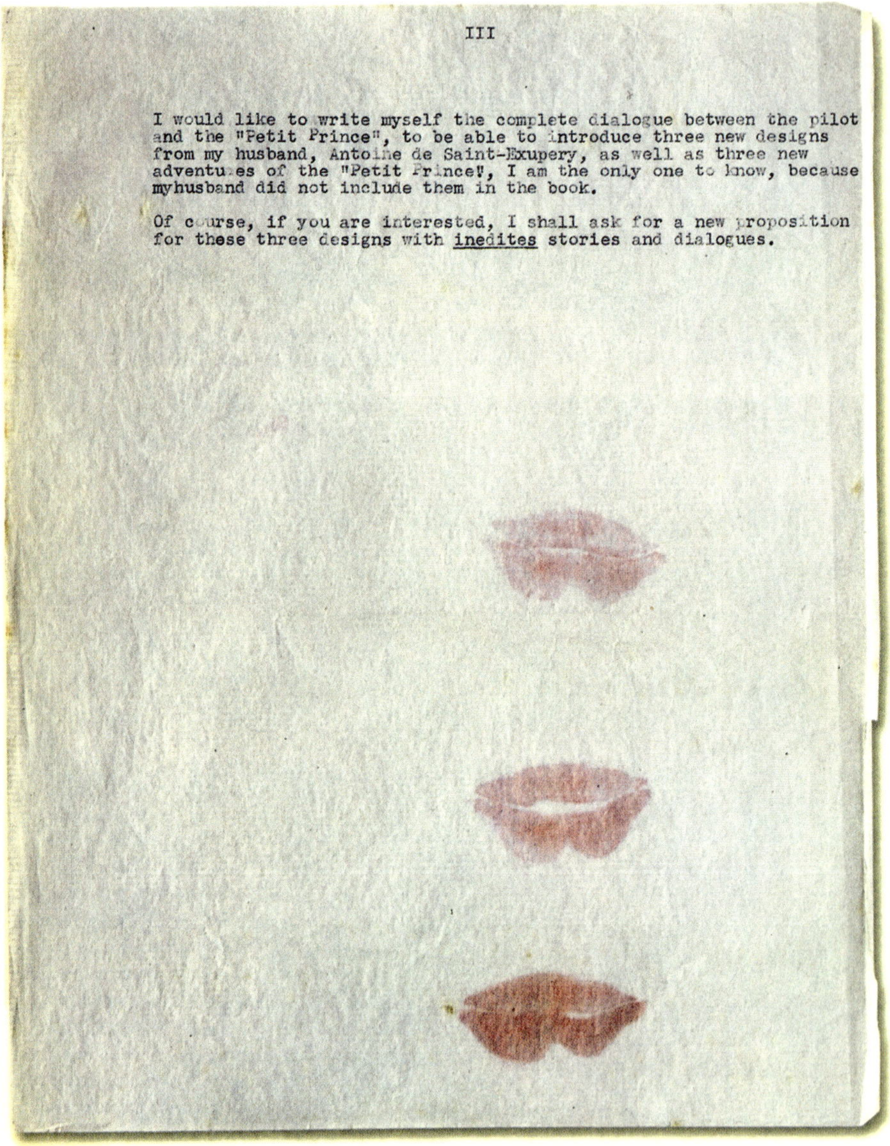

III

I would like to write myself the complete dialogue between the pilot and the "Petit Prince", to be able to introduce three new designs from my husband, Antoine de Saint-Exupery, as well as three new adventures of the "Petit Prince", I am the only one to know, because myhusband did not include them in the book.

Of course, if you are interested, I shall ask for a new proposition for these three designs with <u>inedites</u> stories and dialogues.

Entwurf eines Briefes Saint-Exupérys an seinen amerikanischen Verleger des *Kleinen Prinzen*, verziert mit Consuelos Lippenstift.

Sie waren der Mensch, den ich suchte. Sie waren der Hafen, wo ich Schutz suchen konnte, und Sie waren außerdem ein sehr hübsches junges Mädchen, das bereits Ängste wegen meiner Nachtflüge ausstand, schon das drohende Ende fürchtete ... Wenn Sie mich also ein wenig lieben, dann beschützen Sie in mir die Essenz des Menschen, der ich bin, weil Sie sie für wert halten. Eines Abends haben Sie einmal gesagt: »Sie haben den Menschen eine Botschaft zu verkünden. Nichts und niemand darf Ihnen im Weg stehen, nicht einmal ich selbst ...« An diesem Tag beschloss ich, Sie für immer zu heiraten, für das ganze Leben und für alle Leben, die uns vielleicht jenseits der Sterne noch geschenkt sind ... Ich habe nichts vergessen, Consuelo, weder Ihre Zärtlichkeit, Ihre Hingabe, noch Ihr Opfer. Ich weiß, wie sehr die Ängste Sie gezeichnet haben, die Qualen, die Probleme des unsteten Lebens, das zu führen ich Sie gezwungen habe ... Sie, Sie haben mich verstanden, und später haben Sie mich geliebt. Aber Sie waren so schrecklich erfüllt von dem Kampf, der in unserem täglichen Leben herrschte. Ihre Unduldsamkeit stammte daher, dass Sie erschöpft waren, und die meine ebenfalls. Die Sorge hat die Liebe überwuchert, und ich habe mich von Ihnen entfernt, um uns voreinander zu schützen ... Seien Sie versichert, dass ich nie aufgehört habe, Sie zu lieben.

ANTOINE DE SAINT-EXUPÉRY

haben? Sollte er wirklich nur Liebe gefordert, sie aber nicht gegeben haben? Sollte er auch in der Liebe seinem Freiheitsdrang nachgegeben haben? Wie anders wäre das ständige Weggehen Antoines, wäre der stete Wechsel von Flucht und Rückkehr zu erklären und womöglich zu verstehen?

Jedenfalls sah Consuelo ihn nicht – nicht nur – als Helden, als selbstsicheren, starken Mann, der sie beide mit ruhiger Hand durchs Leben steuerte; sie erlebte ihn zu oft in schwankenden Gefühlen und Selbstzweifeln, voller Ängste und Unsicherheiten.

DAS KLEINE RUHIGE LICHT

Nur wenig war zuletzt übrig geblieben vom Kriegsruhm, von fliegerischer Leidenschaft, von Kampfbereitschaft und Einsatzfreude. So las die verzweifelte Consuelo, zurückgelassen im New Yorker Exil, vom sich nahenden Ende ihres Helden: »So viel Leid … das wird mir großzügig vergönnt sein, mir, der ich bei meiner körperlichen Verfassung kein zwei Kilo schweres Paket tragen, nicht aus dem Bett aufstehen oder ein Taschentuch vom Boden aufheben kann, ohne Schmerzen zu empfinden. Ich ziehe nicht los, um zu sterben. Ich ziehe los, um zu leiden und so den Meinen nah zu sein. Nicht dass ich mir wünschte, dabei umzukommen, doch ich bin sehr gerne bereit, auf diese Weise in den ewigen Schlaf zu sinken.«

Immer mystischer und spiritueller wurde der Ton in den Briefen an Consuelo, immer drängender beschwor Saint-Exupéry den Tod, der auf ihn zu warten schien. Aus dem steinernen Dunkel seiner Depression schrieb er seiner »liebsten kleinen Consuelo« die zärtlichsten, die verzweifeltsten Briefe: »Meine kleine, ein wenig verrückte Frau, meine Liebste, wie geht es Dir? Du fehlst mir. Du fehlst mir wirklich, zutiefst, wie eine frische Quelle. Gott weiß, wie unerträglich und heftig und ungerecht Du bist, aber hinter alldem steht ein kleines, ruhiges Licht, eine so liebevolle Zärtlichkeit, eine Ehefrau. Liebste kleine Consuelo, Du bist meine Frau fürs Leben, bis zum letzten Atemzug.«

Nun war es ausgesprochen. Noch einmal. Vergeblich wartete Consuelo, von angstvollen Ahnungen verfolgt, in New York auf weitere Nachrichten von ihm. Unermüdlich schrieb sie ihm Briefe, die sie aber nicht abschickte, sie versuchte nur, sich mit dem Schreiben zu beruhigen. »Du sollst wissen, dass ich mein Leben lang auf dich warte, auch wenn ich darüber alt werde und mein Gedächtnis verliere« – diese Liebeserklärung bekam Saint-Exupéry nicht mehr zu lesen.

Und Consuelo fand auf keinem Friedhof der Welt ein Grab, an dem sie um den Schöpfer des *Kleinen Prinzen* und den Mann, der in ihr die Rose gesehen hatte, trauern konnte.

Die Geburt des Kleinen Prinzen

Es ist spannend zu sehen, wie Antoine de Saint-Exupéry seine Gedanken und Gefühle zu Papier brachte. Nathalie des Vallières und Roselyne de Ayala haben seiner Handschrift ein paar interessante Beobachtungen gewidmet: »Ob er sich in der Wüsten-Einsamkeit von Cap Juby über ein Brett beugt, das er sich auf die Knie gelegt hat, um im Schein einer Petroleumlampe …

… mit der Niederschrift seines ersten Romans zu beginnen, ob er sich zur Zeit seiner Reportagen aus dem Spanischen Bürgerkrieg in Madrid oder Barcelona in einen feindlichen Keller flüchtet, ob er in Paris oder in New York bequem an seinem Schreibtisch sitzt oder in der amerikanischen Sommerhitze auf dem Rasen von Bevin House ausgestreckt liegt, während er an *Der Kleine Prinz* arbeitet – immer sind an seiner Handschrift die Spuren der jeweiligen Umgebung zu erkennen. Seine Schrift ist von unterschiedlicher Klarheit und Lesbarkeit, je nachdem, wo er sich gerade aufhielt oder wie er sich gerade fühlte … Zwischen zwei Flügen machte er hastig seine Notizen, schrieb er unablässig. Die Worte strömten bei ihm geradezu auf das Papier, manchmal in unvollständiger Reihenfolge, sich überdeckend, dicht gedrängt oder unendlich gedehnt, sich wieder zusammenballend und hastig weitereilend. Sie führen ihr eigenes Leben, der hektischen Hand ihres Urhebers folgend …«

DIE ERSTEN IDEEN

Wann Saint-Exupéry die Idee zu seiner Geschichte gehabt hat, lässt sich nicht rekonstruieren und zweifelsfrei feststellen. Sicher ist, dass die Geschichte lange in ihm gereift ist, dass er oft über sie nachgedacht hat. Und auf jeden Fall gibt es Erfahrungen und Erlebnisse, die wie Vorstufen, Reminiszenzen, Anbahnungen wirken. Dazu gehört die Notlandung Saint-Exupérys in Libyen, dazu gehören aber auch die ersten zeichnerischen Darstellungen seines kleinen Freundes. Auf den ersten Blick scheinen die beiden Ereignisse nichts miteinander zu tun zu haben. Es wird jedoch *Der Kleine Prinz* sein, der sie miteinander verbindet.

Am 29. Dezember 1935 brach der Flieger mit seiner Maschine Simoun auf, um einen neuen Flugrekord auf der Strecke Paris – Saigon aufzustellen. Doch nach neunzehn Stunden und achtunddreißig Minuten Flugzeit, mitten in der Nacht, zweihundert Kilometer vor Kairo musste Saint-Exupéry seine Maschine in der Wüste aufsetzen – eine Bruchlandung. Wegen dichten Nebels unter ihm und Wolken über ihm hatte er die Orientierung verloren und zudem noch die Fluggeschwindigkeit falsch eingeschätzt.

Drei Tage und drei Nächte war Saint-Exupéry mit seinem Mechaniker André Prévot unterwegs, bevor er endlich, halb verdurstet, auf Menschen traf, die ihn retteten: eine Nomadenkarawane, kein Bewohner eines Asteroiden. Doch damit, stellt Michel Quesnel fest, »ist die Geschichte von der Panne in der Wüste und der Begegnung mit dem kleinen Prinzen geboren«.

Das Prinzchen jedoch hatte schon ein Gesicht, eine Gestalt und diesen Schal, den auch sein Erfinder gern trug. Auch die kleinen Engelsfiguren, die Saint-Exupéry in Restaurants vor sich hin kritzelte, um sich die Wartezeit zu vertreiben, ähneln bereits dem Prinzen, und man muss sich nur die überflüssigen Flügel wegdenken und einen ungebärdigen Haarschopf dazu – schon steht er vor uns. Selbst in Saint-Exupérys Briefen aus dieser Zeit tauchen Skizzen dieser kleinen Gestalt auf, spaziert ein Prinz einfach frei über das Papier, »wie eine verstreut auftauchende Signatur, die auf sanfte, ironische Weise die Identität des Briefschreibers in Erinnerung ruft« (Michel Quesnel). Wie eine sagenhafte Figur aus einem Traum …

GEBURT AUS DER ERINNERUNG

Als der kleine Prinz erstmalig in Erscheinung tritt, ist er keine literarische Figur, sondern ein kleiner Junge zu Beginn des Buches, wohl niemand anderer als Antoine de Saint-Exupéry selbst: »Als ich sechs Jahre alt war …«

Ohne die Kindheitserinnerungen des Poeten ist der *Kleine Prinz* nicht denkbar. Nur aus der Vergegenwärtigung all der Zärtlichkeit und Unbeschwertheit, dic er in seiner Kindheit erlebt hat, konnte Saint-Exupéry die Fantasie seiner Geschichte schöpfen. »Was soll der geläufige Ausdruck ›kleiner Prinz‹ bezeichnen, wenn nicht ein solches im Übermaße vom Leben begünstigtes, vom Schicksal verwöhntes Kind?« fragt Michel Quesnel. Doch es gab nicht nur die wunderbaren Aufenthalte im Schloss Saint-Maurice bei seiner Tante, im Schloss de la Mole bei seiner Großmutter. Nicht nur das Verständnis, welches der kleine Antoine bei seiner Mutter und seinen Gouvernanten fand. Nicht nur die komplizenhafte Liebe, welche die Geschwister füreinander empfanden. Es gab auch den Tod des Vaters, als Antoine vier Jahre alt war, die Verzweiflung über den Tod seines zwei Jahre jüngeren Bruders François, die Erfahrungen des Krieges – all das sollte uns davor bewahren, die Kindheit Antoines in einem verklärenden Licht zu sehen.

Der Kleine Prinz beschwört die sehnsüchtigen Erinnerungen an eine glückliche Kindheit herauf; er lässt aber auch spüren, dass sie auch durch Wunden gekennzeichnet waren. Und vielleicht sollten wir auch den anderen kleinen Prinzen, den Saint-Exupéry in seinem Buch *Wind, Sand und Sterne* skizziert hat, als eine Art Vorläufer anerkennen, auch wenn er nicht mit dem Zeichenstift, sondern mit Worten gezeichnet wurde.

Im Jahr 1935 wurde Saint-Exupéry nach Moskau entsandt, um eine Reportage zu schreiben. In seinem Zug, der durch Polen fuhr, reisten auch Arbeiter, die aus Frankreich hinauskomplimentiert worden waren und nun zurückkehrten. Als er eines Nachts durch die Eisenbahnwaggons streifte, setzte sich Saint-Exupéry »einem Paar gegenüber. Zwischen Mann und Frau hatte sich das Kind ein Nestchen gebaut, so gut es ging, und schlief. Einmal wendete es sich doch im Schlaf, und sein Gesichtchen erschien mir im Licht der Nachtbeleuchtung. Welch liebliches Gesicht! Diesem Paar war eine goldene Frucht geboren worden; aus den schwerfälligen Lumpen war eine Vollendung von Anmut und Lieblichkeit entsprungen. Ich beugte mich über die glatte Stirn, die fein geschwungenen Lippen und sah, das ist ein Musikerkopf – das ist Mozart als Kind, eine herrliche Verheißung an das Leben! So sind nur die kleinen Prinzen im Märchen …«

Doch Saint-Exupéry spürte auch die Gefahr, die diesem kleinen Prinzen drohen würde. Noch herrschte kein Krieg, aber der europäische Kontinent steuerte darauf zu; der Horizont zeigte schon ein Wetterleuchten. Dieser kleine Prinz würde das Lachen verlernen, die verheißungsvolle Musik in ihm würde niemals zum Ausdruck kommen können. Schon dieser Junge wurde mit melancholischem Blick angesehen.

Ein kleiner Prinz für Roger Beaucaire.

Vielleicht hatte die Geschichte dann in Los Angeles begonnen, in Saint-Exupérys Fantasie Konturen anzunehmen. Und zwar, als sich der Autor 1941 auf Einladung des Regisseurs Jean Renoir in dessen Haus in Los Angeles aufhielt. Dort war er Annabella wiederbegegnet.

Annabella war der Künstlername der Schauspielerin Suzanne Georgette Charpentier, die sich in Filmen von René Clair – in denen sie die Rolle der schönen Verführerin spielte – einen Namen gemacht hatte. Saint-Exupéry hatte sie am Set der Dreharbeiten des Films *Anne-Marie* kennengelernt, für den er das Drehbuch geschrieben hatte. Inzwischen lebte sie in Los Angeles und war mit dem Schauspieler Tyrone Power verheiratet.

Annabella, die schöne Schauspielerin, inspirierte Saint-Exupéry bei der Erfindung des *Kleinen Prinzen*.

Während seines Aufenthalts an der Westküste musste Saint-Exupéry in die Klinik, um sich wegen alter Verletzungen einer Operation zu unterziehen.

Gefesselt ans Krankenhausbett, litt er unter Einsamkeit und Langeweile. Als Annabella ein Buch mit den Märchen von Hans Christian Andersen auf seinem Nachttisch entdeckte, las sie ihm daraus die Geschichte *Die kleine Meerjungfrau* vor. Möglicherweise war es dieses Märchen, das ihn auf die Idee zum *Kleinen Prinzen* brachte.

Auch als Saint-Exupéry aus der Klinik entlassen war, musste er das Bett hüten. Mit einem Picknickkorb in der Hand, besuchte Annabella ihn regelmäßig in seinem Zwei-Zimmer-Apartment. Sie stellten sich dann vor, irgendwo am Himmel zu sein, weit weg von der Erde, auf einem kleinen Planeten. Als Saint-Exupéry den *Kleinen Prinzen* schrieb, rief er Annabella oft an und las ihr einzelne Kapitel vor.

DIE ERSTEN SKIZZEN

Die ersten Skizzen, zeichnerischen Entwürfe zum *Kleinen Prinzen* waren auf den Papiertischdecken und Servietten von Restaurants entstanden, wo Saint-Exupéry während der Tischgespräche, die ihn vielleicht langweilten, oder wenn er auf das Essen wartete, vor sich hinzukritzeln pflegte. Wie auch die mathematischen Phantastereien, die er nach einem Dinner gern seinen Freunden erläuterte. Er liebte es auch, seine Briefe mit witzigen kleinen Karikaturen zu verzieren, oft mit einem kleinen Jungen und seinem wehenden Schal.

Ein Lächeln ist oft das Wesentliche. Man wird mit einem Lächeln bezahlt. Man wird mit einem Lächeln belohnt. Man wird durch ein Lächeln belebt. Und die Art eines Lächelns kann schuld daran sein, dass man stirbt.

ANTOINE DE SAINT-EXUPÉRY, *Brief an einen Ausgelieferten*

Saint-Exupéry gehörte definitiv nicht zu den Schriftstellern, die in der Einsamkeit ihres Arbeitszimmers, allein vor den weißen Blättern auf dem Schreibtisch, ein Werk verfassen, geduldig, beharrlich und diszipliniert. Er war in jeder Hinsicht ein »Vielschreiber«, obwohl sein schriftstellerisches Werk, das er im Laufe von vierzehn Jahren veröffentlichte, überschaubar war und nur wenige Werke umfasste. Abgesehen von den Artikeln und Reportagen für Zeitschriften und einer sehr umfangreichen Korrespondenz. Saint-Exupéry brauchte unmittelbare Resonanz auf das, was er zu Papier brachte, und Consuelo – und andere Freundinnen und Freunde – dürften etliche Zeit damit zugebracht haben, ihm zuzuhören und ihn immer wieder zu bestätigen.

Er schrieb überall, im Wüstenzelt, im Arbeitszimmer, auf dem Flugplatz. Und wenn er dann »in die Unordnung seiner Wohnung oder seines Hotelzimmers zurückgekehrt war, pflegte er seine Texte ein weiteres Mal zu überarbeiten«. So war es auch beim *Kleinen Prinzen*. Er entstand fast ausschließlich zu jener Zeit, in der Antoine und Consuelo in Amerika lebten.

Über das Entstehen des Märchens kursieren verschiedene Versionen. War es ein Auftrag? Irgendwann im Jahr 1942 speiste Saint-Exupéry nämlich mit seinen amerikanischen Verlegern Eugene Reynal und Curtice Hitchcock. Man wollte etwas gegen seine trübsinnigen Gedanken unternehmen und ihn aufmuntern. Wie üblich, kritzelte er einen Jungen auf die Serviette. Reynal soll die Silhouette dieses Kindes mit Flügeln so charmant gefunden haben, dass er dem Dichter spontan vorgeschlagen habe, doch ein Märchen mit diesem kleinen Engel zu schreiben, das man zu Weihnachten publizieren könnte. Dieser Vorschlag wird oft auch Elisabeth, der Frau von Eugene Reynal, zugeschrieben. Sie hoffte vielleicht, ein solcher Auftrag würde den Autor auf andere Gedanken bringen. Wer immer mit ihm in New York zusammentraf, konnte spüren, wie sehr er unter dem Exil in einem Land, in dem er sich wie ein Fremder fühlte, litt, wie sehr er auch irritiert war über die kontroversen Reaktionen auf sein letztes Buch *Flug nach Arras*.

Der furchtbare Krieg im fernen Europa, die zögerliche Haltung Amerikas, die Zerstrittenheit seiner Landsleute – das alles deprimierte Saint-Exupéry zutiefst. Die Spuren dieser Empfindungen ziehen sich auch durch den *Kleinen Prinzen*, der eine Welt bewohnt, die von Gewalt gezeichnet ist. Es spricht also einiges für die These, dass es seine Verleger waren, die Saint-Exupéry aus seiner Melancholie reißen und ihn anstiften wollten, mit dem Anmut und Charme einer märchenhaften Geschichte sozusagen eine Art Gegenwelt zu bilden.

Oder war es eine Idee, deren Wurzeln schon länger zurücklagen? Anderen Quellen zufolge trug sich Saint-Exupéry schon seit sieben Jahren – seit seinem Absturz in der libyschen Wüste – mit der Idee zu einem Märchen herum. Ein Märchen, dessen Held ein kleiner Junge sein sollte. Vielleicht dachte er an den so sehr geliebten Bruder François, den er früh verloren hatte, und den er beim Spielen immer den »Sonnenkönig« genannte hatte. Vom kleinen Sonnenkönig zum kleinen Prinzen wäre es nur ein kleiner Schritt …

INSPIRATIONEN

Auf den Rat seines Freundes Paul-Émile Victor hin kaufte sich Saint-Exupéry schließlich eine Packung Aquarellkreide und begann zu schreiben und zu zeichnen. In einer Nacht, wach gehalten durch Kaffee und Zigaretten, soll er die Odyssee des *Kleinen Prinzen* über die verschiedenen Planeten und zu seinen seltsamen Bewohnern entwickelt haben. Für seine Zeichnungen holte er sich Inspiration: Der Sohn des Philosophen De Konnick soll Vorbild für einige Posen des Prinzen gewesen sein, Sylvia Hamiltons Hund soll ihn zur Zeichnung des berühmten Schafes inspiriert haben. Und den Fuchs hatte er schon 1928 in Cap Juby gezeichnet, als er seiner Schwester vorgeschwärmt hatte, er habe einen Wüstenfuchs aufgezogen: »Er ist kleiner als eine Katze und hat riesige Ohren. Er ist wunderhübsch. Leider ist er wie ein Raubtier und brüllt wie ein Löwe.« Die Ähnlichkeit zum schlauen Freund des *Kleinen Prinzen* ist verblüffend.

Elisabeth Edl hat in ihrem Nachwort zur Neuübersetzung eine ganze Reihe solcher Anklänge und Reminiszenen aus der persönlichen Geschichte des Autors zusammengetragen: »Die Sterne,

»Der kleine Prinz ist Saint-Exupérys Kind, ein Sohn, der Verbindung von Tinte, Aquarell und Tränen entsprungen.«

ALBAN CERISIER

die lachen können wie ›unzählige kleine Glöckchen‹ sind eine Hommage an das Lachen der Freundin Nada de Bragance, und die Affenbrotbäume hat Saint-Exupéry aus Dakar, die Vulkane wiederum aus Patagonien mitgebracht.«

Die wichtigste Erinnerung, welche die Erzählung motivierte, war jedoch jene an Léon Werth, seinen Freund. Die Widmung, zu der ihn Consuelo angestiftet hatte, war nicht nur eine Freundschaftsgeste, sondern hat eine ganz besondere Bedeutung für die Beschreibung der Freundschaft, wie sie sich im Buch zwischen dem Piloten und dem Prinzen entwickelt.

Im Februar 1940 hatte Saint-Exupéry seinem Freund aus Laon geschrieben, wo er stationiert gewesen war: »Ich möchte, dass Sie etwas wissen, was Sie übrigens ganz genau wissen; ich habe Sie unendlich nötig, weil Sie zunächst einmal, glaube ich, derjenige sind, den ich von meinen Freunden am liebsten mag, und weil Sie außerdem meine moralische Instanz sind.« Und obwohl die beiden nur selten einer Meinung waren, beeindruckte Léon Werth, der jüdische Pazifist, den Flieger sehr. Zwei Monate später erhielt er von ihm eine kurze Nachricht und eine Zeichnung, auf der ein Junge zu sehen ist, sehr ähnlich dem *Kleinen Prinzen*, der auf einer kugelrunden Wolke steht – noch kein Asteroid, aber ein »Vorläufer«. Und um ihn herum sind kleine Sterne zu sehen, am unteren Bildrand ein Planet mit einem Schaf, einer Rose und anderen Blumen.

Und bedroht ist dieser kleine Junge. Es ist eine feindliche Welt, in der er lebt. Er wirkt wie ein Symbol, so wie auch Léon Werth für Saint-Exupéry ein Symbol war: für das unterdrückte, bedrohte Frankreich, für die unter deutscher Besatzung lebenden Franzosen. Der Dichter fühlte sich für den Freund verantwortlich. Er hatte ihn sich vertraut gemacht. Und so wie sich der *Kleine Prinz* »ein bisschen traurig fühlte bei dem Gedanken an seinen verlassenen kleinen Planeten«, fühlte sich auch Saint-Exupéry in seinem Exil heimatlos und entwurzelt.

»Es gibt kaum ein anderes literarisches Werk, das mit dem von Antoine de Saint-Exupéry vergleichbar ist. Als Mann der Tat an den Geschehnissen seiner Zeit beteiligt zu sein und als Schriftsteller davon literarisches Zeugnis abzulegen, gehörte für ihn zusammen. Er zählt zu den wenigen Autoren, die mit Recht von sich sagen können, dass ihr ›Schreiben aus Erfahrung entsteht‹. Er war zugleich Pilot, Schriftsteller, Philosoph, Journalist, Zauberkünstler und Erfinder. Die Kraft und die Unverwechselbarkeit seines Schreibens rühren von der Nähe seiner Texte zu seinem eigenen Leben – einem Leben, das sich aus kurzen entscheidenden Episoden zusammensetzt, die große literarische Wirkung entfalten sollten.«

NATHALIE DES VALLIÈRES UND ROSELYNE DE AYALA

EIN HAUS AUF DEM LAND

Nach seinem Krankenhausaufenthalt in Los Angeles erholte sich Saint-Exupéry, fand jedoch, dass er in New York, wo er sich seit seiner Ankunft in den Vereinigten Staaten aufgehalten hatte, nicht zur Ruhe kam. Da er außerdem die Hitze in der Großstadt schlecht vertrug, bat Saint-Exupéry seine Frau Consuelo, die inzwischen ebenfalls in Amerika eingetroffen war, nach einem komfortableren Ort zum Leben und Schreiben Ausschau zu halten, weit weg vom Lärm und Trubel der Stadt.

Der Landsitz Bevin House am Eaton's Neck auf Long Island schien Consuelo genau die richtige Wahl zu sein, um dort den Sommer 1942 zu verbringen. Mit vierundzwanzig Zimmern gab es genug Platz, damit sie Gäste empfangen und Saint-Exupéry sich in eine kleine Dachkammer, die sie ihm eingerichtet hatte, zurückziehen konnte. Mehr brauchte er nicht, in diesem Haus verlief er sich: »Ich wollte eine Kammer, doch bekam das Schloss von Versailles«.

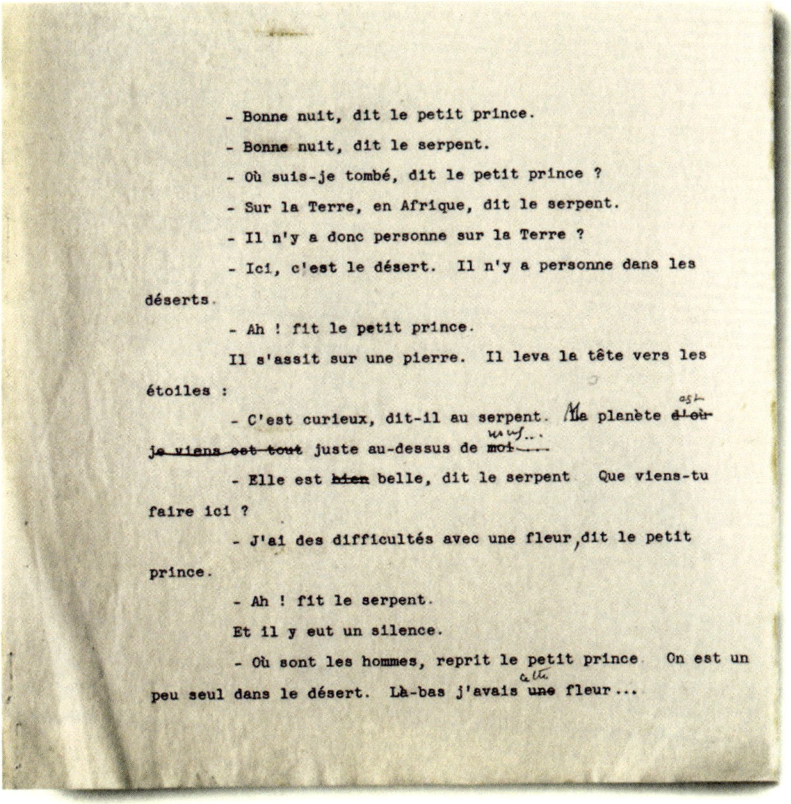

- Bonne nuit, dit le petit prince.

- Bonne nuit, dit le serpent.

- Où suis-je tombé, dit le petit prince ?

- Sur la Terre, en Afrique, dit le serpent.

- Il n'y a donc personne sur la Terre ?

- Ici, c'est le désert. Il n'y a personne dans les déserts.

- Ah ! fit le petit prince.

Il s'assit sur une pierre. Il leva la tête vers les étoiles :

- C'est curieux, dit-il au serpent. La planète ~~d'où je viens est tout~~ juste au-dessus de ~~moi~~...

- Elle est ~~bien~~ belle, dit le serpent. Que viens-tu faire ici ?

- J'ai des difficultés avec une fleur, dit le petit prince.

- Ah ! fit le serpent.

Et il y eut un silence.

- Où sont les hommes, reprit le petit prince. On est un peu seul dans le désert. Là-bas j'avais ~~une~~ fleur...

Typoskript des *Kleinen Prinzen* mit handschriftlichen Korrekturen Saint-Exupérys.

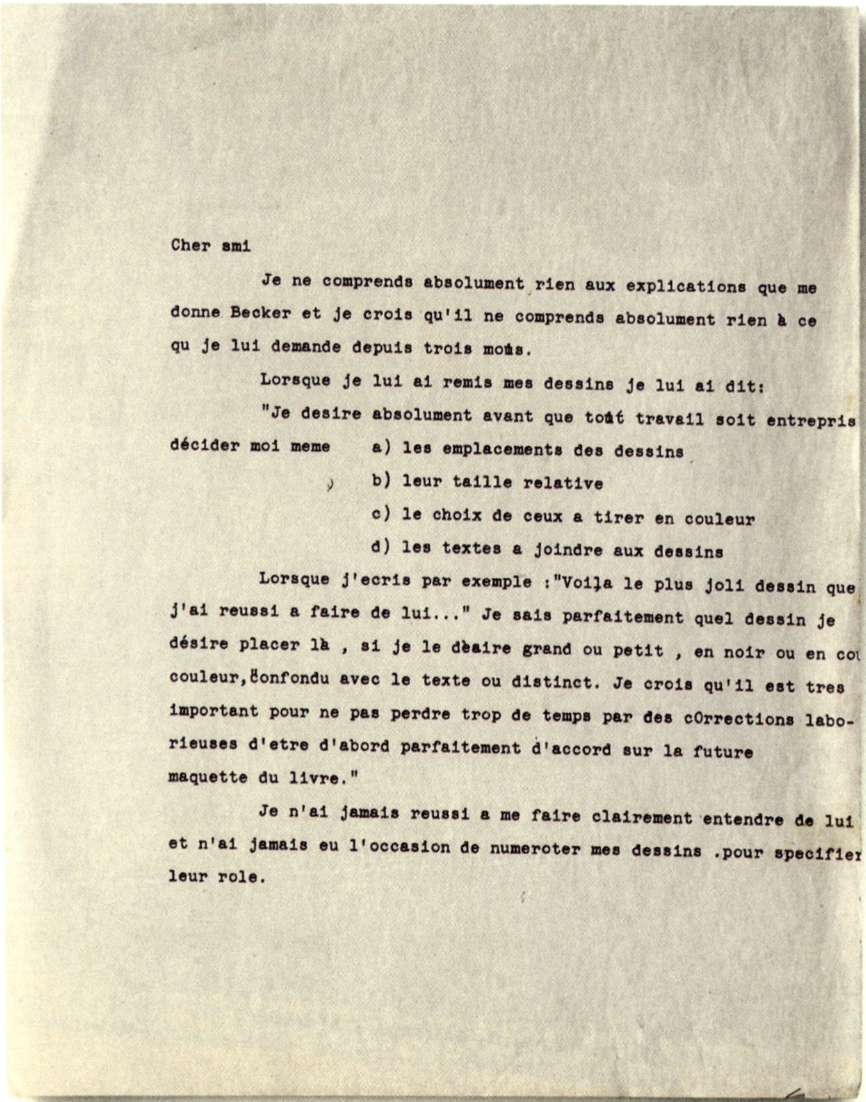

Cher ami

Je ne comprends absolument rien aux explications que me donne Becker et je crois qu'il ne comprends absolument rien à ce qu je lui demande depuis trois mois.

Lorsque je lui ai remis mes dessins je lui ai dit:

"Je desire absolument avant que tout travail soit entrepris décider moi meme a) les emplacements des dessins

b) leur taille relative

c) le choix de ceux a tirer en couleur

d) les textes a joindre aux dessins

Lorsque j'ecris par exemple :"Voila le plus joli dessin que j'ai reussi a faire de lui..." Je sais parfaitement quel dessin je désire placer là , si je le dèsire grand ou petit , en noir ou en cou couleur,confondu avec le texte ou distinct. Je crois qu'il est tres important pour ne pas perdre trop de temps par des cOrrections laborieuses d'etre d'abord parfaitement d'accord sur la future maquette du livre."

Je n'ai jamais reussi a me faire clairement entendre de lui et n'ai jamais eu l'occasion de numeroter mes dessins .pour specifier leur role.

Brief Saint-Exupérys an seinen amerikanischen Verleger zur Publikation des *Kleinen Prinzen.*

»Die Dankbarkeit der Welt für die Geburt eines kleinen Kindes ist etwas ganz und gar Erstaunliches.«

ANTOINE DE SAINT-EXUPÉRY, Brief an Nelly du Vogüé, Heiligabend 1943

In seinem kleinen Atelier konnte Saint-Exupéry Tag und vor allem auch Nacht ungestört arbeiten, manchmal sogar bis zur Morgendämmerung. So vertieft war er in seine Geschichte, dass er bisweilen erschöpft und völlig übermüdet an seinem Schreibtisch einschlief.

Ursprünglich hatte sein Freund Bernard Lamotte die Illustrationen zum *Kleinen Prinzen* anfertigen sollen. Doch war Saint-Exupéry mit dessen Vorschlägen unzufrieden und beschloss, die Geschichte selbst mit Zeichnungen auszustatten. Mit einer beeindruckenden Menge an Buntstiften und Aquarellfarben bewaffnet, verbrachte er viel Zeit mit den Illustrationen zu seinem Märchen für Kinder und Erwachsene.

In Bevin House arbeitete er jedoch nicht nur am *Kleinen Prinzen*, sondern auch an seinem großen Werk *Citadelle* (*Die Stadt in der Wüste*) weiter, das er vor langer Zeit schon begonnen hatte, das jedoch erst nach seinem Tod publiziert werden sollte. Saint-Exupéry verließ das Haus nie, außer an Wochenenden oder wenn er nach Washington fuhr, wo er als Berater bei den Vorbereitungen der Landung der Alliierten fungierte.

Während des ganzen Sommers und auch noch teilweise im Herbst arbeitete Saint-Exupéry an seinem *Kleinen Prinzen*. Ende 1942 übergab der Autor das Manuskript seinem Verleger. Für eine Veröffentlichung zu Weihnachten, wie es ursprünglich geplant war, reichte die Zeit nicht mehr. Eugene Reynal musste den Text erst von Katherine Woods ins Englische übersetzen lassen und brachte das französische Original und die englische Ausgabe parallel am 6. April 1943 in die Buchhandlungen, als Saint-Exupéry die Vereinigten Staaten bereits verlassen hatte und auf dem Weg zu den französischen Truppen in Algerien war.

Die kleine Zeitungsanzeige zum Erscheinen der amerikanischen Ausgabe zeigt, dass schon damals keineswegs Einigkeit darüber herrschte, ob *Der Kleine Prinz* nun ein Buch für Kinder oder für Erwachsene war. Also der Rat: »Vielleicht lesen Sie's besser selbst.«

In Fragen des Urheber- und Verlagsrechts verstehen Verleger gewöhnlich keinen Spaß. So war Gaston Gallimard entsetzt, als er hörte, dass der amerikanische Verlag auch eine französische Ausgabe publiziert hatte. Schließlich hatten Saint-Exupéry und Éditions Gallimard einen Vertrag miteinander; der Dichter war Hausautor des französischen Verlages. Gallimard verklagte kurzerhand die amerikanischen Verleger.

In Frankreich erschien *Der Kleine Prinz* erst 1946, nach dem Ende des Krieges und nach dem Tod des Autors, mit leicht verändertem Text. So sah der kleine Prinz – im Unterschied zur Originalausgabe – die Sonne dreiundvierzigmal untergehen statt vierundvierzigmal. Auch die Farben der Bilder wurden teilweise verändert: In der französischen Ausgabe trägt der kleine Prinz einen marineblauen Mantel statt einen grünen. Fortan galt die von Gallimard veröffentlichte Ausgabe als Maßstab, der von fast allen internationalen Ausgaben übernommen wurde.

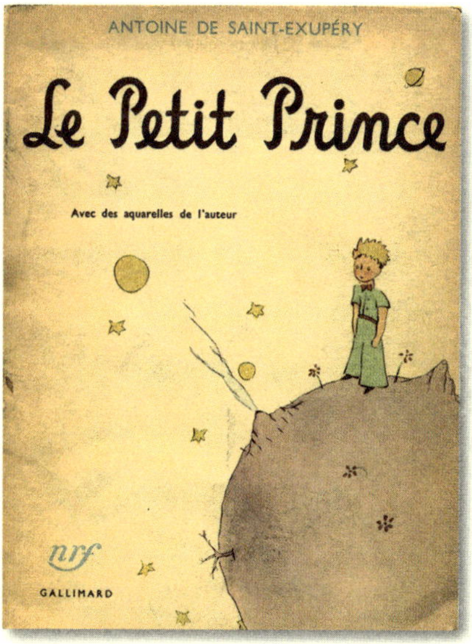

Französische Erstausgaben: links die Leinenausgabe mit geprägtem Titel und rechts die Originalausgabe, die für die meisten Übersetzungen stilbildend wurde.

Die Zeichnungen des Kleinen Prinzen

Wie die Geschichte haben sich auch die Zeichnungen des Kleinen Prinzen *tief in das kollektive Gedächtnis seiner Leserinnen und Leser eingebrannt. Schon am Anfang der Erzählung steht eine Zeichnung – dieses kleine rätselhafte Fantasiebild, auf dem sich nicht erkennen lässt, ob es nun ein Hut ist oder eine Schlange, die einen Elefanten verschlungen hat.*

Die skurrile Erzählung kokettiert mit dem angeblich mangelhaften Talent zum Zeichnen beziehungsweise dem Unvermögen des Autors, sich zeichnerisch so auszudrücken, dass er verstanden wurde.

Das Talent hatte Saint-Exupéry gegenüber seinen Freunden und seiner Familie immer wieder abgestritten. Seine Mutter, die Pastellmalerin war, schien in der Erziehung ihrer Kinder durchaus künstlerische Ambitionen verfolgt zu haben, doch Antoine bedauerte stets, ihre Erwartungen nicht erfüllen zu können. Er war fest davon überzeugt, sich mit Malen und Zeichnen nicht so verständlich machen zu können, wie es ihm mit Worten gelang.

DAS WESENTLICHE IST UNSICHTBAR

Und doch hatte Saint-Exupéry, bevor er sich dem Schreiben zuwandte, Maler werden wollen. Eine Zeichnung mochte er besonders: »Ich habe den großen Leuten mein Meisterwerk gezeigt und sie gefragt, ob ihnen meine Zeichnung nicht Angst mache? Aber sie haben mir geantwortet: ›Warum sollen wir vor einem Hut Angst haben?‹ Meine Zeichnung stellte aber keinen Hut dar. Sie stellte eine Riesenschlange dar, die einen Elefanten verdaut.«

Schon hier, in der Eröffnungssequenz des Buches, haben wir – *in nuce* und zunächst in einer Zeichnung – die Botschaft: »Das

Sogar die Zeichnung, die
Saint-Exupéry von Consuelo angefertigt hat,
ähnelt dem kleinen Prinzen.

Wesentliche ist für die Augen unsichtbar.« Ausgesprochen wird sie erst später vom Fuchs, der sie dem kleinen Prinzen mit auf den Weg gibt.

Auch als später der Flieger mitten in der Wüste den Prinzen mit dem weizenblonden Haar trifft, geht es zunächst um ein Bild: »Bitte … zeichne mir ein Schaf …« Der Flieger zeichnet es, mehrere sogar, doch dem Prinzen gefällt keines. Sie entsprechen so gar nicht seiner Vorstellung! Erst die Kiste, die das Schaf bewohnen soll, findet seine Zustimmung. Auch an dieser kleinen Episode lässt sich zeigen, dass das Wesentliche unsichtbar bleibt – die zentrale Aussage des *Kleinen Prinzen*. Das Wichtige an einer Zeichnung ist nicht das, was sie zeigt und was wir auf den ersten Blick erkennen können, sondern was sie verbirgt, was sie an innerem Reichtum in sich trägt. »Man sieht nur mit dem Herzen gut« – die Zeichnung selbst fungiert als Gleichnis für den fundamentalen Bruch zwischen der Welt der Kinder und der Welt der Erwachsenen, zwischen der Wahrheit und der Lüge, zwischen dem Wesentlichen und dem Vergänglichen.

DIE INITIALZÜNDUNG

Als Saint-Exupéry von seinen amerikanischen Verlegern ermuntert wurde, sich an ein Märchen für Kinder zu wagen, wirkte dies vermutlich wie eine Initialzündung, als habe etwas in ihm definitiv Erlaubnis erhalten, seinen Weg in die Welt zu suchen. Mit großem Arbeitseifer, fieberhaft, ja inbrünstig machte sich Saint-Exupéry an die Arbeit. Inzwischen sind seine sämtlichen Vorarbeiten veröffentlicht, so dass wir in all den Bleistiftskizzen und Aquarellen recht gut den Weg des kleinen Prinzen in die Welt verfolgen können. Nach den Bildern seiner Erinnerung zeichnete Saint-Exupéry mit klaren Strichen die Szenerie, die Gegenstände, das Spielzeug. Wobei er auch seiner Neigung zur Karikatur nachgab, vor allem bei den »humoristischen« Figuren seiner Erzählung.

Ein ungewöhnliches, ein erstaunliches Vorgehen: »Welch einzigartiges Schicksal dieses kleinen Kerls, der in aller Bescheidenheit das Licht der Welt auf dünnem Papier erblickte, hastig hingekritzelt von einem angesehenen Schriftsteller, und der allmählich zu einer der auf der Welt am weitesten verbreiteten fiktionalen Gestalten, zu einem Mythos wurde« (Alban Cerisier).

Die Figur des kleinen Prinzen entstand zu einer Zeit, als Saint-Exupéry noch keine richtige Vorstellung von der Erzählung hatte, deren Held sie werden sollte. Lange trug er sie in seinem Herzen, bevor seine Eigenschaften und sein Aussehen Kontur gewannen. Alle jene Freunde, die 1942 und 1943 bei Saint-Exupéry in New York und auf Long Island zu Gast waren, konnten miterleben, wie er immer wieder über diese Figur nachdachte und sie in immer neuen Zeichnungen zu erfassen suchte.

Vermutlich hat Saint-Exupéry mit seinem angeblich fehlendem Talent zum Zeichnen nur kokettiert. Denn es machte ihm ja Spaß, an den Rand seiner Manuskripte und Briefe immer wieder witzige Szenen zu zeichnen. Und tatsächlich war das Zeichnen eine seiner bevorzugten Beschäftigungen in der Freizeit. Er zeichnete immer wieder, scheinbar naiv, in Wahrheit jedoch durchaus ambitioniert, das Wunderbare, das in jedem Lebewesen versteckt ist, ans Tageslicht zu bringen. Gestalten mit Flügeln auf einer Wolke, verfolgt von einem Teufel auf einer Wolke »Messer-(schmidt) 109«. Eine kleine Gestalt im Mantel vor einem Feld mit Sternenblumen. Die Silhouette eines Jungen, der in die Ferne schaut, auf einem mit Blumen bewachsenen Hügel, auf einem seltsamen Planeten. Fragend blicken die großen runden Augen auf eine ihnen verborgen bleibende, auf eine unsichtbare Welt.

Dann tauchte zum ersten Mal ein kleiner Prinz auf einem handschriftlichen Manuskript auf. Ein anderer stehend, der Schal flattert im Wind. Mit einer Rose. Mit einer Schnecke. Mit einem umherwirbelnden Schmetterling. Ein Affenbrotbaum. Riesenschlangen. Ein Flieger in der Wüste am Fuß einer Felswand. *Der Kleine Prinz* nahm Gestalt an. Zuerst war da kein Konzept, keine Vision, ja nicht einmal die Idee zu einer Geschichte – sondern ein Bild.

DER ERZÄHLER UND DER ZEICHNER

In der Person Saint-Exupérys ist der Erzähler nicht vom Zeichner zu trennen. In seinen Skizzen gewinnt die in der Erzählung verborgene Aufforderung an den Leser, sich von allem zu befreien, was den spontanen Eindruck von den Dingen und Lebewesen beeinträchtigen kann, Gestalt – ein Aufruf, doch ihren großen inneren Reichtum zu erkennen.

Wer durch den großen Band *Dessins* (2006 erschienen) blättert, gewinnt eine profunde Anschauung nicht nur vom zeichne-

Diese und nächste Seite: Der kleine Prinz auf seinem Planeten.

rischen und karikaturistischen Talent Saint-Exupérys, sondern auch von der langen Entwicklung, die eine Geschichte von der ersten Idee bis zur letztendlichen Form nimmt. So ist es auch mit dem *Kleinen Prinzen*. Die Vermutung, Saint-Exupéry habe sich als kleinen Jungen gezeichnet, sich also selbst porträtiert, greift viel zu kurz. Es kann auch ein Freund sein, der da skizziert wurde, ein Gedanke, ein Gefühl sein, das da zum Ausdruck kam:

»Was aber betrachten diese jungen Menschen derart erstaunt, wenn nicht gar derart bestürzt? Welche Antwort erhoffen sie sich? In ihrer Nähe scheint die Zeit still zustehen, gleichsam in der Schwebe zu sein. Einige dieser Gestalten stehen auf einer Wolke, einer Wolke, die in einem Himmel voller Sterne über eine Erde fliegt, deren Konturen nur angedeutet sind. Diese Gestalten evozieren den ›Drole de guerre‹ (1939-1940), das Unheimliche des Kriegs, als Saint-Exupéry bei Aufklärungsflügen Angriffe von deutschen Flaks und Geschützen erlebte. Diese gestalten der Lüfte waren meist mit Flügeln ausgestattet. *Der Kleine Prinz* von heute erscheint als deren flügellose Weiterentwicklung« (Alban Cerisier).

»Eine letzte Landschaft, die auf Farben verzichtet. Sobald der Kleine Prinz verschwunden ist, hat der Stern seine Leuchtkraft verloren, die Linie der Dünen ihre bläuliche Farbe, diesen malvenfarbenen Schatten, der den hartnäckigen Willen des Lichts unterstreicht. Reinheit einer Sprache, die der Stille entspricht, eines Bildes, das zu Asche zerfällt, sich ins Nichts auflöst. Von dem Übergriff der Boa hin zur heimtückischen Mission der Schlange schließt sich der Kreis eines gewaltsamen Todes. Die Geschichte übernimmt es, diesen Kreis zu öffnen. Die Amerikaner beschließen, den Kampf nach Nordafrika zu verlegen. Die ersten Truppen landen dort am 4. November 1942. Saint-Exupéry, der davon noch am selben Tag Kenntnis erhält, verstärkt seine Bemühungen, wieder zu der Fliegerstaffel zu stoßen, der er während des deutschen Frankreichfeldzuges angehört hat und

Der kleine Prinz im Rosengarten.

Der Wüstenfuchs.

die jetzt nach Algier verlegt worden ist. Sein Wunsch wird erfüllt. Er hat jedoch noch die Zeit, das Erscheinen seines ›Briefes an einen Ausgelieferten‹ mitzuerleben. Als aber zwei Monate später ›Der Kleine Prinz‹ in den Buchhandel kommt, ist er bereits mit dem Schiff zur Küste Afrikas unterwegs.

Er hat in New York einen Satz korrigierter Fahnen zurückgelassen sowie ein komplettes Manuskript und Zeichnungen. Der Haufen Blätter beinhaltet sowohl die Skizzen, die er ausgewählt hat, als auch einige Aquarelle, die von ihm aussortiert worden sind. Mehr als ein halbes Jahrhundert waren diese der Öffentlichkeit nicht bekannt. Diese Aquarelle verdienen unsere Aufmerksamkeit, weil wir das Recht haben, uns zu fragen, warum der Autor sie ausgesondert hat.

Jede Schöpfung setzt eine Wahl voraus, die häufig aufschlussreich ist. So wie die Abänderungen eines Textes die Denkweise des Dichters erhellen, gilt dies auch für die Beibehaltung oder Verwerfung eines Bildes. Manche Skizzen, die herausgenommen wurden, bieten kaum Grund zur Kommentierung, sind sie doch nur Vorstufen zu einer endgültigen Fassung. Andere zeugen von einem grafischen Herantasten an die Materie, die ein Beweis dafür ist, dass die gezeichnete Sprache die gleiche Unsicherheit kennt wie die Schrift. Der König war Gegenstand verschiedener

Der kleine Prinz und der Fuchs.

Annäherungsversuche, von denen keiner so gelungen ist wie der am Ende gewählte Entwurf. Der Fall des Fuchses ist interessanter. Gekonnt gezeichnet, zeigt er Ohren, die nichts mit denen eines Fuchses gemein haben. Dieser Wüstenfuchs, der einem hübschen, wohlproportionierten Hund ähnelt, hat keinen Humor.

Es bleiben zwei Gruppen von Zeichnungen übrig, die Anlass zum Nachdenken bieten: die, die den Piloten darstellen, und diejenigen, die das Affenbrotbaum-Thema wiederaufnehmen.

DER PILOT

Der Pilot und Erzähler wird in der endgültigen Ausgabe des Buches an keiner Stelle dargestellt. Obwohl er im Text des ›Kleinen Prinzen‹ ausgiebig vorkommt und auch häufig das Wort führt, gibt es vom Piloten kurioserweise keinerlei zeichnerische Darstellung. Man kann versuchen, dies zu erklären: In diesem kuriosen Theater von Marionetten – König, Säufer, Jäger und andere Randfiguren –, auf die sich der Erzähler und das engelhafte Bild des kleinen Prinzen nicht reduzieren lassen, ist kein Platz für eine realistische Abbildung. Deshalb verliert das Flugzeug seine Flügel und seinen Motor, und an seine Stelle tritt der Asteroid, der sich im höchsten Grade perfektionistisch entwickelt, indem er, bereits die Form einer Erdkugel besitzend, irdische Merkmale und Eigenschaften erhält. Das märchenhafte Bild des Kindes ließ seinerseits die Abbildung des Piloten überflüssig, ja unangebracht werden. Das einzige Bild, das ihn – schlafend in der Wüste – zeigte, wies im Hintergrund den ramponierten, im Sand steckenden Flügel und Rumpf eines Flugzeugs auf, sicherlich eine Reminiszenz an den Unfall in Libyen,

die aber in diesem fiktiven Bilderbogen unangemessen war. Der Autor hat dies gespürt und die Skizze verworfen.

Er hat zwei weitere Bilder aussortiert, die sich sehr ähneln und noch mehr erstaunen. Auf ihnen erhebt sich in vorderster Front eine mit peinlicher Sorgfalt gezeichnete Hand, die einen Hammer umschließt. Der Unterarm ist am unteren Bildrand abgeschnitten, so dass man den Eindruck erhält, als wachse er aus der Erde – als quäle sich irgendein Lazarus aus seinem Grab. Und im Hintergrund sind die verschwommenen Züge des sich wundernden kleinen Prinzen zu sehen. Er hat Grund zur Verwunderung. Denn es handelt sich schlicht um den Piloten, der unter dem neugierigen Blick des jungen Besuchers sein Flugzeug repariert; die Geste der Hand ist bedrohlich, voller Aggression. Diese unveröffentlichten Bilder reihen sich in die Serie der Zeichnungen ein, die sich mit dem gewaltsamen Tod befassen, schlagen jedoch einen neuen Ton an, dessen realistischer Anstrich die Wirkung steigert. Zweifellos ist Saint-Exupéry vor dieser beunruhigenden Brutalität zurückgeschreckt.

Der kleine Prinz und die Schlange.

Die gefährlichen Affenbrotbäume.

Ebenso wie vor dem Expressionismus der Affenbrotbäume. Er hat sie, wie er selbst sagt, in der »großartigsten« seiner Zeichnungen festgehalten. Aber diese Zeichnung flößt keine Angst ein. Der kleine Prinz lacht über sie. »Deine Affenbrotbäume schauen ein bisschen aus wie Kohlköpfe ...« Aber der kleine Prinz hat nicht die beiden Skizzen gesehen, die der Autor aussortiert hat. Ein Affenbrotbaum – ein einziger genügt –, dicht an seinem Blätterwerk abgeschnitten, dessen Stamm und Wurzeln den Asteroiden einschnüren; eine monströse Hand mit krummen, amputierten Fingern, den entstellten Klauen einer Hexe. Es ist zu spät zum Lachen. Der Fabeldichter hat das Feld dem Geisterseher überlassen, der Moralist dem Propheten der Apokalypse. Das Klima im ›Kleinen Prinzen‹ hat sich verändert.

Saint-Exupéry wollte also eine extreme Schwarzfärbung seines ohnehin schon ausreichend düsteren Buches verhindern. Der Zeitabschnitt ist tragisch, Saint-Exupéry verbittert, ›Der Kleine Prinz‹ von schwerem Pessimismus geprägt. Bleibt demnach am Ende dieser so lebendigen, ironischen und von Zärtlichkeit durchzogenen Fabel nicht ein Funke Hoffnung? Das zärtliche Klima bleibt natürlich, dieses Lachen, dieses Lebenssprühende, all das, was der Autor bewahren wollte, indem er die furchteinflößendsten unter seinen Bildern aussortiert hat.«

MICHEL QUESNEL

Die Botschaft des Kleinen Prinzen

In der Wüste, bei einer Notlandung, erzählt Saint-Exupéry, begegnet er dem kleinen Prinzen, der die Rose, die er liebt, auf seinem winzigen Stern mit den drei Vulkanen zurückgelassen hatte, als er sich auf den Weg auf die Erde machte. Er ist einsam und leidet. Er lässt sich von einer Schlange beißen, um zurückzukehren.

Es sagt wenig über das Märchen, wenn man den Inhalt – oder was sich so nennen lässt – erzählt. So wenig wie man etwas von einer im Herbarium aufbewahrten Blume erfährt, wenn man nur ihre Blätter und Staubgefäße zählt. Dieses Märchen in einer kindhaft einfachen, warmen Sprache ist voller Geheimnisse. Martin Heidegger, der deutsche Primas der existentialistischen Philosophie, hat darin Anfänge einer »Philosophie der Technologie« gefunden. Denn es ist der an die Maschine gebundene Mensch, der in der Wüste, der unendlichen Weite, im Schweigen, in der Einsamkeit, in einer Situation auf Leben und Tod, dem reinen, nachdenklichen, melancholischen, aber auch lächelnden Prinzlein begegnet, dem Wesen, das sich wieder zu seinem Stern, zu der geliebten Blume, zu den drei Vulkanen zurücksehnt.

Dieses kleine Buch ist voller Symbole und Anspielungen, Metaphern und existentieller Gefühle. Kein Wunder, dass es immer wieder auch zu Deutungen und Interpretationen herausforderte. Die nicht selten über das Ziel hinausschießen, indem sie alles erklären und identifizieren wollen. So kommt es, dass zum Beispiel Renée Zeller in ihrem Essay *La Vie secrète d'Antoine de Saint-Exupéry, ou La Parabole du Petit Prince* (*Das geheime Leben des Antoine de Saint-Exupéry oder Das Gleichnis vom Kleinen Prinzen*) die drei Vulkane so deutet: Der eine Vulkan ist die Liebe, der andere das Hoffen oder Werden, der dritte, der erloschene, der Glaube. Doch was ist damit gewonnen, wenn man das zu wissen meint?

Wenig Glück hatte der *Kleine Prinz* auch mit dem ersten großangelegten tiefenpsychologischen Interpretationsversuch, unternommen 1983 von dem Theologen und Kirchenkritiker Eugen Drewermann in dem Buch *Das Eigentliche ist unsichtbar*. Er misslang auf geradezu spektakuläre Weise.

»Jedem Leser des *Kleinen Prinzen* muss auffallen, dass es bei allem Sprechen von Liebe und Treue auf eigentümliche Weise wirkliche Gefühle einer warmen Zuneigung nur in dem Verhältnis zwischen dem ›Flieger‹ und dem ›Kleinen Prinzen‹ geschildert werden – eine fast ›griechische‹ Form gleichgeschlechtlicher ›Knabenliebe‹, in der die Rolle des Kindgottes Eros, das Prinzip einer unendlichen Sehnsucht, sich in dem ›Kleinen Prinzen‹ ver-

Die Illustrationen von Ingritt Neuhaus verkitschen den kleinen Prinzen.

dichtet. Von der Liebe zu einer Frau hingegen ist im Werk Exupérys mit keinem Wort die Rede, außer in der ebenso verhüllenden wie offenbarenden Symbolik der Rose. Man wird aus diesem Tatbestand allein bereits den Schluss ziehen müssen, dass Exupérys eigentliche und wahre Liebe in der Tat von Kindertagen an unverändert seiner ›Rose‹ galt, ja, dass er in der Rolle eines ›treuen‹, von der ›Erwachsenenwelt‹ nicht verdorbenen ›Kindes‹ sich selbst am meisten achten und lieben konnte, während er zugleich voller Scham zögerte, die Bindung an seine Mutter sich selbst und anderen im ganzen Umfang einzugestehen« (Eugen Drewermann).

So etwas passiert, wenn der *Kleine Prinz* und sein Autor in die Hände eines Tiefenpsychologen fällt: Wohl ohne nähere Kenntnis der Biografie und auch des Werkes wird behauptet, von der Liebe zu einer Frau sei bei Saint-Exupéry keinerlei Rede (zum einen ist es schlicht grundfalsch, zum anderen kann es dem Autor mit seiner das Werk fast ausschließlich bestimmenden Thematik der Fliegerei nicht um Liebesgeschichten gehen); wird behauptet, Saint-Exupéry hätte sich die Bindung an seine Mutter nicht eingestanden (seine Briefe beweisen das Gegenteil), und das Verhältnis zwischen dem kleinen Prinzen und dem Flieger symbolisiere eine ödipale Beziehung; wird Freundschaft grundsätzlich unter den Generalverdacht der Homosexualität gestellt und – besonders fragwürdig und hanebüchen, ja absurd – im Fall des *Kleinen Prinzen* irgendwie mit »griechischer Homophilie« in Verbindung gebracht.

So kommt es auch zu den unverständlichen Aussagen in diesem

Deutungsversuch: »Fliegen – das bedeutete für Exupéry in allen Beziehungen die männliche Gegenwart der Mutter«, lässt Eugen Drewermann seinen Assoziationen freien Lauf. »Der ›Kleine Prinz‹ in ihm, der sehr in Gefahr gestanden hätte, aus hundert Schuldgefühlen und Anhänglichkeiten ein ewiges Muttersöhnchen zu bleiben, bemühte sich sein Leben lang verzweifelt, als ›Flieger‹ seine Unabhängigkeit und Männlichkeit zu demonstrieren …«

Sehr viel überzeugender, weil eben nicht von vorgefassten Deutungswünschen infiltriert, gelang die Interpretation eines anderen Psychotherapeuten und Philosophen: Mathias Jung – 1941 geboren – hat sich durch umfangreiche Vortragstätigkeit und zahlreiche Buchveröffentlichungen (unter anderem *Mut zum Ich* 1997 und *Zärtlichkeit* 2002) einen Namen gemacht.

Mathias Jung.

»Auf Entdeckungsreise mit Saint-Exupéry« begibt er sich mit seinem Buch *Der kleine Prinz in uns* (2000 erstmals erschienen, 2010 neu aufgelegt). Darin nimmt er auch die kulturellen und historischen Bedingungen der Entstehungszeit der Erzählung und die Biografie Saint-Exupérys in den Blick. Er analysiert die Bedeutung des *Kleinen Prinzen* in seinen textlichen und psychologischen Tiefenstrukturen und befragt sie auf ihre Relevanz für heutige Leserinnen und Leser: als eine Parabel über Kindheit und Erwachsensein, Freundschaft und Liebe, Krise, Tod und Hoffnung.

Den *Kleinen Prinzen* als Spiegel unserer Seele zeigt auch die lesenswerte, von eigenen biografischen Erfahrungen ausgehende Einführung *Mit dem Herzen suchen* von Jens Uwe Martens. Sie will ein Wegweiser durchs Leben sein: »Die Bedeutung des ›Kleinen Prinzen‹ liegt für mich darin, dass dieses Werk mir in meinem Leben etwas zu sagen hat. In meiner ›Interpretation‹ geht es also nicht um Saint-Exupéry, sondern um eine Lebensphilosophie, die man aus seinem Buch herauslesen kann, die einem helfen und sogar zu einer Lebensorientierung werden kann.«

DAS IDEAL DER MENSCHLICHKEIT

Ist das Märchen tatsächlich so etwas wie eine verschlüsselte Selbstbiografie Saint-Exupérys, gleichsam seine letzte, geheime Botschaft? Der sich danach sehnt, durch das Werkzeug, die Maschine hindurch, die »alte Natur« wieder zu entdecken, »die Natur des Gärtners, des Seefahrers, des Dichters«?

Aus seiner Begegnung mit dem Prinzen bleibt dem Flieger ein wunderbares Geschenk: »Du wirst Sterne haben, wie sie niemand hat ... Wenn du bei Nacht den Himmel anschaust, wird es dir sein, als lachten alle Sterne, da ich auf einem von ihnen wohne, auf einem von ihnen lache. Du wirst Sterne haben, die lachen können!«

Wind, Sand und Sterne. Flugzeuge, die am Himmel kreisen. Ein ferner kleiner Planet, ein Hoffnungsstern in düsterer Zeit. Ein Junge, der zum Freund geworden ist. Keine Frage: Saint-Exupéry hat in seinem Märchen in den Gestalten des Prinzen und des Piloten sein Selbstbildnis verschlüsselt, das Selbstbildnis eines Mannes, der Dichter und Flieger in einem war. Für ihn war das

Flugzeug kein Zweck, sondern Mittel. Er wusste: Nur in der Überwindung des Widerstandes, den die Erde ihm leistet, findet der Mensch den Weg zu sich selbst. Das Flugzeug wird ihm zum Werkzeug, zu einem Mittel der Erkenntnis und Selbsterkenntnis gegenüber allen alten Welträtseln: »Man lebt mit Winden, Sternen, Nacht und Sand, arbeitet als Mensch und sorgt sich als Mensch ... und sucht seine Wahrheit in den Sternen«.

Wie aus der Vogelperspektive hatte Saint-Exupéry, der Flieger, aus der Höhe, Weite und Einsamkeit des Himmels auf die Erde geblickt, das Elend erkannt, in dem sich der Mensch befindet. Unter seinen nachgelassenen Papieren fand man auch seinen Brief an einen unbekannten General, in dem der Soldat den Krieg anprangerte und den Ungeist der Zeit beklage: »Man kann nicht mehr leben von Kühlschränken, von Politik, Bilanzen und Kreuzworträtseln. Sehen Sie, das ist unmöglich. Man kann nicht mehr leben ohne Poesie, ohne Farben, ohne Liebe. Ach, mein Herr General, es gibt nur ein Problem, ein einziges in der Welt: dem menschlichen Leben wieder einen geistigen Sinn zu geben.«

Diesen Sinn brachte Saint-Exupéry mit seinem *Kleinen Prinzen* in die Welt. Der Titelheld ist weder nur eine halluzinierende Erfahrung, die er in der Wüste gemacht hatte, noch eine Traumgestalt, in die er sich selbst hineinträumte. Der kleine Prinz ist ein Menschheitsideal, ein Königskind, das die Welt mit anderen Augen, in kindlicher Unvoreingenommenheit sieht. Und es sind kindliche Werte, die er repräsentiert: Liebesfähigkeit, Treue, Mut – nicht nur wie bei Eugen Drewermann »die sehnsuchtsvollen Ideale eines nie gelebten Lebens« oder »die bloße Gegenchiffre zu der unmenschlichen Welt der Erwachsenen«. Natürlich spiegelt der *Kleine Prinz* die Gefühls- und Gedankenwelt seines Schöpfers wider, alles andere wäre die absichtsvolle Didaktik des erhobenen Zeigefingers oder schlimmstenfalls purer Zynismus. In ein Märchen ist das Ideal der Menschlichkeit, die Botschaft vom »Kind in uns« gekleidet, weil wir nur so seine Wahrheit noch erkennen können. Wir, die Erwachsenen, wohlgemerkt, die sich in illusionäre Welten flüchten, um sich nicht der eigenen Einsamkeit stellen zu müssen. Denen es schwerfällt, die ihnen anerzogenen Werte abzustreifen und das »Wesentliche« zu erkennen. Die Schwierigkeiten haben mit der Liebe – und damit, für jemanden etwas Besonderes zu sein.

Der Schlüssel ist die Rose. Doch sie symbolisiert nicht –

»Die Menschen bei dir zu Hause«, sagte der kleine Prinz, »züchten fünftausend Rosen in ein und demselben Garten … und doch finden sie dort nicht, was sie suchen …«

ANTOINE DE SAINT-EXUPÉRY, *Der Kleine Prinz*

wie bei Drewermann – die Mama, vielleicht nicht einmal die erste Liebe (obwohl sie es für den Prinzen ist). Sie symbolisiert die »große Liebe«, die einzigartige, unwiderlegbare, unauslöschliche Liebe. Darum auch ist es grober Unfug, in ihr einen ödipalen Komplex des Autors erkennen zu wollen. Dass Saint-Exupéry eine enge Beziehung zu seiner Mutter hatte, kann gar nicht bestritten werden. Dass er seine ganz eigenen Schwierigkeiten mit der Liebe hatte, ebensowenig. Viel wichtiger jedoch ist es, zu begreifen, warum Erwachsene so anders denken als Kinder, warum in dieser Welt so wenig verstanden wird, was wirklich wichtig ist, so wenig geträumt und auch so wenig geliebt wird. *Der Kleine Prinz* ist ein Märchen, vor allem, und als solches müssen wir es lesen.

Doch obwohl anscheinend an Kinder gerichtet, hatte der Autor des *Kleinen Prinzen* nicht auch das Publikum der Erwachsenen im Blick? Jedenfalls kann der Text auf verschiedene Weisen gelesen werden, er bietet überraschend viele Bedeutungsebenen – vom Märchen bis zur philosophischen Abhandlung.

Wie in Josef Ladas 1936 erschienenen Buch *Kater Mikesch* begegnen den Leserinnen und Lesern auch im *Kleinen Prinzen* märchenhafte Elemente: Es kommen sprechende Tiere vor und sogar eine sprechende Pflanze, nämlich die stolze Rose des Prinzen.

Die Erzählung ist wie ein märchenhaftes *road movie* angelegt: Der Protagonist verlässt seinen Heimatort und begibt sich auf eine Reise, auf deren einzelnen Stationen er mit Situationen konfrontiert wird, die ihn in seiner Identität reifen lassen. Am Ende kehrt er nicht nur um eine Erfahrung reicher an seinen Ausgangspunkt zurück. Der kleine Prinz stammt von einem winzigen Planeten, der als Metapher für die Welt verstanden werden kann: im Griff des Affenbrotbaums, der ihn zu ersticken droht. In dem Dossier mit Zeichnungen, die vor der Niederschrift entstanden, deutete Saint-Exupéry die einzelnen Stationen, die der Held durchreist, selbst als die verschiedenen Lebensstadien des Menschen. Man ist also versucht, in der Geschichte auch die Struktur einer Initiation des Kindes in die Welt der Erwachsenen zu erkennen.

Literaturwissenschaftlich gesehen, ist der *Kleine Prinz* trotz

»Die großen Leute haben eine Vorliebe für Zahlen. Wenn ihr ihnen von einem neuen Freund erzählt, befragen Sie euch nie über das Wesentliche. Sie fragen euch nie: Wie ist der Klang seiner Stimme? Welche Spiele liebt er am meisten? Sammelt er Schmetterlinge? Sie fragen euch: Wie alt ist er? Wieviel Brüder hat er? Wieviel wiegt er? Wieviel verdient sein Vater? Dann erst glauben sie ihn zu kennen.«

ANTOINE DE SAINT-EXUPÉRY, *Der Kleine Prinz*

seiner Märchenstruktur ein Genre-Mix: Er enthält auch Elemente der Fabel, der Parabel, des fantastischen Reiseberichts, der Legende, ja sogar der Utopie. Die fantastische Ausschmückung des Erfahrungsberichts, die Evidenz des Wunderbaren und Übernatürlichen, die Kindheitsthematik, die Gleichnishaftigkeit, überhaupt die Bildhaftigkeit und die reiche Symbolik – wie zum Beispiel das Bild des Fluges als Ausdruck des Übergangs in andere Welten – geben dem Märchen legendarische Züge. Und wie in der literarischen Utopie betritt eine fiktive Figur die reale Welt des Ich-Erzählers und berichtet ihm von einer anderen Welt beziehungsweise anderen Welten. Der kleine Prinz fungiert als Kontrastfigur von einem anderen Stern, von dessen Sicht aus die gesellschaftliche Wirklichkeit kritisch betrachtet wird. Die Fragwürdigkeit der realen Welt wird durch sehr kindgemäße Fragen und Feststellungen bloßgelegt.

DIE RELIGIÖSE DEUTUNG DES BUCHES

Viel spekuliert worden ist auch über die religiöse Bedeutung des Buches. »Man sieht nur mit dem Herzen gut. Das Wesentliche ist für die Augen unsichtbar« – dieses wohl berühmteste Zitat scheint eine Erkenntnis zu formulieren, die sich auch in religiösem Kontext findet. In der Bibel heißt es: »Gott sieht nämlich nicht auf das, worauf der Mensch sieht. Der Mensch sieht, was vor den Augen ist, der Herr aber sieht das Herz« (1 Samuel 16,7). Und das Gespräch über das Globusspiel des Nikolaus von Kues (1463) bringt ebenfalls die Vorstellung vom »verborgenen Gott« ins Spiel: »Das Sichtbare ist handgreiflich vor Augen und das Unsichtbare ist den Augen fern.«

Der Kleine Prinz entstand mitten im Zweiten Weltkrieg, zu einer Zeit, in der die Religion ihre Orientierungsfunktion und ihre sinnstiftende Funktion schon weitgehend verloren hatte. Saint-Exupérys Werk scheint auch diesen Paradigmenwechsel zu spiegeln und zu verarbeiten, indem es die Frage nach dem Sinn in einer Welt stellt, die im Begriff ist, das Ideal des Humanismus unwiderruflich zu verraten. In diesem Sinne sucht und bietet das Buch Antworten auf grundlegende existentielle Fragen und Probleme. Doch ist das zentrale Thema dieses ernsten Buches womöglich religiös? Spirituell? Transzendental? Ist es eine kritische Auseinandersetzung mit der Privatisierung der Sinnsuche jenseits überkommener religiöser Traditionen? Stehen die von Saint-Exupéry dem Publikum plastisch und drastisch vor Augen geführten Menschentypen auf den verschiedenen voneinander isolierten Planeten, die der kleine Prinz nach und nach besucht, für die Entfremdung durch Besitz- und Machtansprüche, durch Eitelkeit und Sucht oder – wie im Fall des Geographen – durch Abstraktion und Abgehobenheit?

Doch so problematisch eine strikt tiefenpsychologische Deutung sein kann, so prekär ist auch eine explizit religiöse oder gar christliche Interpretation. Der kleine Prinz ist keineswegs allegorisch als eine säkularisierte Christusfigur zu verstehen – als Träger einer Offenbarung im vielfach gespaltenen Universum. Zwar kommt er wie Christus mit einer Botschaft der Menschlichkeit aus dem Himmel zu den Menschen, um sie durch seine Anwesenheit zu verwandeln, sieht er (und als Prinz ist er der Sohn eines Königs) seinen eigenen Tod voraus und prophezeit seine Aufnahme in den Himmel! Er lässt sogar seine sterbliche Hülle zurück, die am nächsten Morgen auf wundersame Weise verschwunden ist. Er »verheißt« ein Weiterleben nach dem Tod, und der Erzähler erwartet seine Wiederkunft. Und unbestreitbar ist die Symbolwelt im *Kleinen Prinzen* sehr ähnlich derjenigen, die in der Bibel, aber auch in esoterischen Traditionen vorkommt: Wüste und Wasser, Schaf und Schlange, Rose und Garten scheinen durchweg auf etwas anderes zu verweisen als es die einfache Geschichte mit ihrem märchenhaften Ton nahelegt. Und doch – für eine begründbare christliche Interpretation fehlt es sowohl an einer dezidierten Intention des Autors als auch an einer lebensphilosophischen Legitimation: Nichts in diesem Buch lässt sich »christlich« im Sinne einer religiösen Konfession deuten. Zumindest fehlen dafür die Anhaltspunkte.

Bei all diesen Interpretationen stellt sich die Frage, ob es sich hier nicht doch ausschließlich um Deutungen für Erwachsene handelt, der *Kleine Prinz* also im Grunde gar nicht der Kinderliteratur zugerechnet werden kann. Saint-Exupéry jedoch hatte mit der »Kindlichkeit« seiner Geschichte und ihres Helden nicht die geringsten Probleme. Seine schon erwähnte Aufforderung an die Kinder, ihm zu schreiben, sowie die Widmung, die dem Text vorangestellt ist, lassen keinen Zweifel über das vom Autor avisierte Publikum zu. Saint-Exupéry richtet sich dort explizit an Kinder und bittet sie sogar um Entschuldigung dafür, dass er das Buch einem Erwachsenen, seinem Freund Léon Werth, widmet.

Die Frage, ob *Der Kleine Prinz* nun ein Kinderbuch ist oder gar mehr als ein solches, ist für die Einordnung des Werkes nicht unerheblich. Eine pragmatische Antwort gibt bereits die Buchhandlung: Dort findet man das Buch zumeist in der Kinderbuchabteilung. Doch lesen auch viele erwachsene, sogar ältere und alte Menschen den *Kleinen Prinzen*; viele von ihnen betrachten es als ein wichtiges Buch für ihr Leben oder sogar als ihr Lieblingsbuch. Und obwohl der Anfang der Geschichte die Intention des Autors klar erkennen lässt, sich in erster Linie an Kinder zu wenden, richtet sich das Buch an alle, die den Tiefgang des Textes schätzen und lieben.

Sehen wir es doch so: *Der Kleine Prinz* ist eine Geschichte, die sich von selbst versteht. Seine Botschaft wird von jedem, der das Buch liebt, verstanden. Sie muss ihm nicht erklärt und interpretiert werden – weil sie wirkt. Sie wirkt auch und gerade, weil sie nicht mit den Augen, mit den Sinnen oder mit den Verstandeskräften wahrgenommen wird.

MIT DEM HERZEN LESEN

Das Wesentliche ist für die Augen unsichtbar«, sagt der Fuchs. Der Prinz wiederholt den Satz, um ihn sich einzuprägen – was dem Autor die schöne Möglichkeit gibt, seine Bedeutung für das Verständnis der ganzen Geschichte zu unterstreichen. Schon am Anfang des Buches hatte er einen Hinweis darauf gegeben – mit den Zeichnungen der Schlange »von innen« und »von außen«, als Indiz, dass alles, jedes Wesen, in sich selbst einen Schatz enthält, ein Geheimnis, das es zu erkennen gilt. Jenseits der äußeren Erscheinung gibt es immer etwas, das nur mit dem Herzen entdeckt werden kann.

Seulement les enfants
savent ce qu'ils cherchent…

»Aber die Augen sind blind.
Man muss mit dem Herzen suchen.«

ANTOINE DE SAINT-EXUPÉRY, *Der Kleine Prinz*

Das Verborgene, das in allen Lebewesen und in allen Dingen wohnt, ist es, das alles einzigartig macht. In diesem vordergründig nicht Sichtbaren kulminieren unsere Entscheidungen, unsere Anstrengungen, all die Freundschaft und die Liebe. Tausend Rosen in einem Garten bedeuten nicht mehr als die eine Rose, die der kleine Prinz auf seinem Planeten zurückließ. Doch eben diese Rose ist einzigartig, weil er ihr Wasser gegeben, weil er mit ihr gesprochen, weil er sie gehegt und beschützt hat. »Gezähmt«, um den Fuchs zu zitieren, und damit verantwortlich gemacht.

So wird ein unsichtbares Band geknüpft, das die Verbindung stiftet, die Beziehung zwischen den Menschen, ja zwischen allen Lebewesen und Dingen. Deswegen ist die Welt auch mit Zeichen bevölkert: Das Weizenfeld erinnert an das blonde Haar des Prinzen, die Sterne sind Glöckchen, die sein Lachen symbolisieren. Um zu seiner Rose zurückkehren zu können, opfert er seinen Körper, indem er der giftigen Schlange erlaubt, ihn zu beißen: »Es wird aussehen,

»Aber wenn du mich zähmst, werden wir einander brauchen. Du wirst für mich einzig sein in der Welt. Ich werde für dich einzig sein in der Welt ...«

ANTOINE DE SAINT-EXUPÉRY, *Der Kleine Prinz*

als wäre ich tot, aber das wird nicht wahr sein«, sagt er in seiner letzten Botschaft an uns.

Mit zunehmendem Alter verlieren Kinder das Geschenk, das es ihnen erlaubt, natürlich und in Harmonie mit dem Sichtbaren und dem Unsichtbaren zu leben. Sie werden »Erwachsene«, die sich nur noch darum kümmern, was nützlich ist. Im Bann des Materiellen, der banalen und auch schalen Seite der Existenz, werden sie Opfer ihrer eigenen Einbildung, ihrer Gier und ihrer Trägheit. Sie beurteilen einen Menschen nach der Art seiner Kleidung (wie im Fall des türkischen Astronomen), bemessen die Schönheit eines Hauses ausschließlich nach seinem Wert und glauben, sie würden einen Freund um so besser kennen, je mehr Geld sein Vater verdient. Doch es ist eine ebenso seltsame wie beruhi-

gende Erfahrung, dass wir das Kind von einst nicht verlieren; es ist nur verschüttet, wie bei dem Flieger (der vielleicht schon »ein bisschen alt« geworden ist) durchlebt, als er dem kleinen Prinzen begegnet und dieser ihm erlaubt, das Kind in ihm wieder zum Leben zu erwecken.

Wenn wir das »Wesentliche«, das mit den Augen nicht erkannt werden kann, als das sehen, was uns hilft, jemanden oder etwas zu »zähmen« (d.h. uns mit ihm vertraut zu machen), zu ihm eine unaufgebbare Beziehung aufzubauen, eine lebenslange Verbindung, dann erleben wir, dass das, was wir mit Imagination und Liebe tun, wirklich lebendig wird. Schon das einfache Lesen des Textes kann das bewirken. Sobald wir zu blättern und zu lesen beginnen, wird der kleine Prinz zu unserem Freund – einfach weil wir Zeit mit ihm verbringen, weil wir uns mit ihm vertraut machen. Saint-Exupérys Geschichte ist daher weniger eine Lektion als vielmehr eine Einladung – eine Einladung, mit dem Herzen zu sehen und zu lesen.

»Die Menschen haben diese Wahrheit vergessen«, sagte der Fuchs. »Aber du darfst sie nicht vergessen. Du bist zeitlebens für das verantwortlich, was du dir vertraut gemacht hast. Du bist für deine Rose verantwortlich ...«

ANTOINE DE SAINT-EXUPÉRY, *Der Kleine Prinz*

Der Erfolg des Kleinen Prinzen

Nicht nur in Frankreich überschritten viele der Bücher Antoine de Saint-Exupérys rasch die Millionengrenze. Die große Popularität des Fliegerpoeten dürfte mit dem seinerzeit zunehmenden Geschmack des Publikums an Tatsachenberichten zu erklären sein. Auf dieses Interesse reagierten seine Werke geradezu perfekt.

Sie enthalten ja vor allem tagebuchartige Aufzeichnungen seiner abenteuerlichen Erlebnisse als Luftkurier-Flieger in Afrika und Südamerika, *Flug nach Arras* seine Erlebnisse als Aufklärungsflieger während des Zweiten Weltkriegs.

Saint-Exupéry beschrieb aber nie bloß das äußere Geschehen und bot nicht den Heroismus eines »Herrn der Lüfte«, sondern offenbarte auch seine persönlichen Gefühle der Angst, des Unbehagens oder des Vergnügens. »Die vorliegende Erzählung, die ich auch in ihrem dichterischen Wert bewundere, hat zugleich den Wert eines Dokumentes«, hatte bereits 1931 der 1951 verstorbene französische Literatur-Nobelpreisträger André Gide in seinem Vorwort zum *Nachtflug* bekannt. Der umstrittene deutsche Schriftsteller Ernst Jünger, der erklärtermaßen nur für eine Elite schrieb, zählte Saint-Exupéry »zu der ganz kleinen, doch hohen Ritterschaft, die aus dem Ersten Weltkrieg hervorgegangen ist.« Das globale Lob, das Saint-Exupéry erhielt, hätte ihm jedoch nicht den Nachruhm beschert. Es war die anhaltende Faszination auf noch jede Lesergeneration, die ihn sozusagen in den Olymp der Bücherwelt erhob.

Und ganz oben stand und steht noch immer – der *Kleine Prinz*. Die zeitlose und universelle Figur, die alle Rekorde gebrochen hat: 236 Übersetzungen, weltweit über 135 Millionen verkaufte Exemplare, mehrere hundert, im einzelnen nicht zählbare Adaptionen

Linke Seite: Französische Franc-Noten mit Antoine de Saint-Exupéry und seinem kleinen Prinzen.

und Bearbeitungen in allen nur denkbaren künstlerischen Disziplinen und Genres. Seit seinem Erscheinen ist Antoine de Saint-Exupérys kleines Meisterwerk mit seinen zahllosen verschiedenen Formaten, Ausstattungen und Ausgaben eine editorische Herausforderung ersten Ranges. Heute erreicht der *Kleine Prinz* ein Publikum auf der ganzen Welt – es ist eines der ganz wenigen weltumspannenden Bücher, das noch in den entferntesten Regionen gelesen und geliebt wird. Und längst nicht mehr nur als »Originalbuch«, sondern auch als Taschenbuch, Hörbuch, Bilderbuch, Comic, Graphic Novel ...

DIE ANFÄNGE

Kaum zu glauben, aber anfangs war dem *Kleinen Prinzen* keineswegs der Erfolg beschieden, den er dann jahrzehntelang haben sollte. Als das Buch 1943 in Amerika erschien, fand es zunächst nicht annähernd die Resonanz, wie sie direkt nach Erscheinen Saint-Exupérys *Wind, Sand und Sterne* und auch *Flug nach Arras* erlebt hatten. Das Publikum war irritiert – ein Märchen hatte es auf dem Höhepunkt des Weltkriegs von seinem Fliegerhelden nun nicht erwartet. Was hatte ihn nur dazu gebracht, zu einem Geschichtenerzähler für Kinder zu werden? Wäre sein Platz nicht bei der Résistance gewesen? Statt dessen baute er ein Marionettentheater auf und spielte mit Puppen!

Doch lesen wir genau: »Viel lieber hätte ich diese Geschichte begonnen wie ein Märchen.« Viel lieber hätte ich … was bedeutet, dass er darauf verzichten musste.

Und von Anfang an tobte die Diskussion, ob es sich hier wirklich um ein Kinderbuch oder vielleicht nicht doch eher um eine Parabel für Erwachsene handelte. War das Buch für eine Kindergeschichte nicht viel zu düster? Pamela L. Travers, die Erfinderin von *Mary Poppins*, schätzte den märchenhaften Charakter des *Kleinen Prinzen*, erinnerte jedoch daran, dass alle Märchen grausam seien. Anne Morrow Lindbergh, die Ehefrau des Fliegers Charles Lindbergh, spürte genau, welche Sehnsucht nach der verlorenen Kindheit, auch welche Todesangst sich durch die so leicht zu lesenden Seiten zog.

Dann, als sich Erstaunen und Befremden gelegt hatten, begann man das Buch mit feierlichem Ernst zu lesen: wie ein Vermächtnis, das der Autor den Menschen auf seinem Planeten hatte hinterlassen wollen. Waren es nicht große Themen, die hier angeschnitten wurden, Freundschaft und Liebe, Haben und Sein,

Eine Reihe von Bilderbüchern entstand nach Motiven von Antoine de Saint-Exupéry.

Vertrauen und Verantwortung? Doch die Fabel auf eine simple Moralität zu reduzieren, wird ihr überhaupt nicht gerecht. Man sollte aus dem kleinen Prinzen keinen kleinen Schulmeister machen, der uns mit seinen moralischen Einsichten traktiert.

EIN BUCH OHNE GRENZEN

Mit der Zeit entwickelte sich die anfangs zögerliche Rezeption des *Kleinen Prinzen* zu einer beispiellosen Erfolgsgeschichte.

So kennen 90 Prozent aller französischen Kinder im Alter von sechs bis fünfzehn Jahren das Buch *Der Kleine Prinz*; 81 Prozent von ihnen gaben an, die Geschichte sehr zu mögen (Ipsos 2008). 94 Prozent aller Erwachsenen kennen den *Kleinen Prinzen*; bei ihnen rangiert das Buch auf Platz 3 in der Kategorie »Bücher, die mein Leben bestimmt haben« (Sofres 2004).

Das Beschäftigungsbuch.

Noch sechzig Jahre nach seinem ersten Erscheinen hat der *Kleine Prinz* die ungebrochene Kraft, Generationen von Leserinnen und Leser zu berühren und mit neuen Perspektiven zu konfrontieren.

Auch zahlreiche Prominente haben ihre Liebe zum *Kleinen Prinzen* zum Ausdruck gegeben: Orson Welles entwickelte das Projekt eines Spielfilms, bei dem er Regie führen wollte. Auch Walt Disney hatte vor, den kleinen Prinzen zum Helden eines Animationsfilms zu machen, konnte jedoch das Vorhaben nicht mehr in die Tat umsetzen. Der Modeschöpfer Jean-Charles de Castelbajac ließ sich 1995 zu einer Kollektion vom *Kleinen Prinzen* inspirieren, wie auch 2010 der japanische Designer Mihara Yasuhiro. James Dean konnte ganze Passagen aus dem *Kleinen Prinzen* auswendig rezitieren (»Das Wesentliche ist für die Augen unsichtbar« steht auf seinem Grabstein). Auch für Hayao Miyazaki, Madonna oder Tony Parker ist der kleine Prinz ein Held.

Der Kleine Prinz ist selbstverständlich nicht nur in Frankreich und Deutschland ein Klassiker. Er wird auf der ganzen Welt geliebt. Er ist ein globales Phänomen. Eine Kultfigur. Ein universalmenschlicher Mythos, dessen Strahlkraft zu keiner Zeit nachgelassen hat und der unzählige Menschen, Kinder wie Erwachsene, bis heute fasziniert. In zahlreichen internationalen Communites, Internetforen und Social Networking Sites dreht sich alles um den kleinen Prinzen – seine Facebook-Seite zählt fast 450.000 Fans. Die offizielle Website www.lepetitprince.com (in französischer und englischer Sprache) verzeichnet immer größere Zugriffe; unter www.laboutiquedupetitprince.com gibt es einen Webshop.

»Ein Buch ohne Grenzen« nannte es Anne-Solange Noble. Jenseits der Sprache ist es die Botschaft dieser kleinen Erzählung, die bleibt und seit Generationen zu bezaubern vermag. Wie ein Pilot in seinem Flugzeug die Grenzen überfliegt, über Schlagbäume und Stacheldrahtzäune hinweg, so schlägt *Der Kleine Prinz* eine Brücke zwischen Ländern und Kontinenten, zwischen Jungen und Alten, zwischen Gegnern und Feinden, zwischen Rassen und Religionen: »Da man nur mit dem Herzen gut sieht, hat die Botschaft des Kindes mit den goldenen Haaren über alle ›sichtbaren Unterschiede‹ hinweg die Menschen bis ans hintere Ende der Welt berührt und bewegt.«

»Das kristallklare Lachen des Kleinen Prinzen«, schreibt Anne-Solange Noble, »sein Leid und seine Freuden, seine Suche nach dem Absoluten, seine Freundschaft mit dem Fuchs und natürlich seine Liebe zu der Rose drangen auf diese Weise schnell über die Grenzen hinaus und traten eine Reise um die Welt an, fast so schnell, wie die Sonne den kleinen Planeten des Prinzen umrundet. Wenn heute zwei Menschen zur selben Zeit dieses Buch lesen, dann schlägt ihr Herz bestimmt im Gleichklang! Und wenn ein Erwachsener es

Das Puzzle-Buch.

einem Kind schenkt, dann sicherlich auch, um es selbst noch einmal zu lesen, sich noch einmal anrühren zu lassen, die Verbundenheit zu spüren ... noch einmal ›klug‹ zu werden.«

DIE ÜBERSETZUNGEN

Nach der Veröffentlichung der englischen Übersetzung des *Kleinen Prinzen* in den Vereinigten Staaten während des Zweiten Weltkriegs, gleichzeitig mit dem französischen Original (in Frankreich erschien es jedoch erst später), wuchs die Zahl der Übersetzungen in andere Sprachen kontinuierlich seit Ende der vierziger Jahre. Neben dem Roman *Der Fremde* von Albert Camus ist Saint-Exupérys Buch das am meisten übersetzte Werk der französischen Literatur. *Der Kleine Prinz* liegt inzwischen (Stand: Juni 2010) in nicht weniger als 236 Sprachen und Dialekten vor, und in einigen Sprachen kann man sogar zwischen mehreren Übersetzungen wählen. Jedes Jahr kommen neue fremdsprachige Ausgaben hinzu.

Die Sprache, die ja oft auch eine Barriere zwischen den Menschen und Ländern sein kann – sie ist im Fall des *Kleinen Prinzen* universal geworden. Und zwar durch die zahlreichen Übersetzungen, die es Franzosen und Deutschen, Israelis und Arabern, Chinesen und Japanern, Amerikanern und Brasilianern erlaubt, sich ihr Herz von diesem kleinen Helden und seiner Geschichte gefangen nehmen zu lassen. Und ob in lateinischen, arabischen, kyrillischen, chinesischen oder bengalischen Schriftzeichen – der *Kleine Prinz* wird von Millionen Menschen auf der ganzen Welt gelesen und geliebt und verstanden, wiedergelesen und weitergereicht wie ein Erbe, ein kulturelles Vermächtnis, ein Zeugnis der Menschlichkeit.

Heute ist *Der Kleine Prinz* in allen großen Kultursprachen, auf allen Kontinenten präsent, aber auch in unzähligen Dialekten und Sprachen, die nur in kleinen Regionen gesprochen werden – wie Tabalog auf den Philippinen, Papiamento auf Curaçao, Faröisch auf den Faröer-Inseln, Skipetarisch auf dem Balkan, Friaulisch in Italien, Aragonisch in Spanien, Rätoromanisch in der Schweiz, Ketschua in Ecuador, Inuit bei den Eskimos und nicht zuletzt in den zahlreichen indischen Sprachvarianten: Teluga, Marathi, Panjabi, Tamil, Malajalam und vielen anderen mehr.

Jedes Jahr erscheinen zwischen Japan und Südamerika neue Ausgaben in riesigen Auflagen (allein in Südkorea wurden im Jahr 2007 insgesamt 47 Auflagen gedruckt). Auch kleine Sprachräume hat sich *Der Kleine Prinz* erobert; so wurden von Saint-Exupérys legendärer Geschichte in den vergangenen Jahren Ausgaben in Samisch (Lappland), Romani (Sinti und Roma) und Quechua (Andenraum Südamerikas) veröffentlicht.

Doch nicht nur in lebendige Sprachen wurde der *Kleine Prinz* übersetzt: Man kann die Geschichte auch auf Latein oder Altgriechisch lesen. Kürzlich wurden der langen Liste der Überset-

Antoine
de Saint-Exupéry
De Kleine Prins
Ad Donker

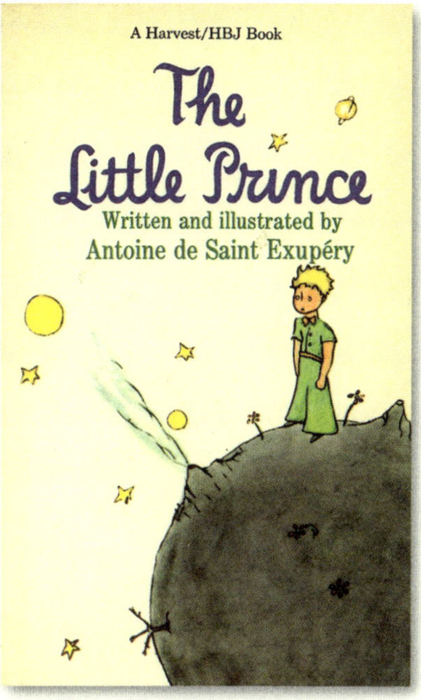
A Harvest/HBJ Book
The Little Prince
Written and illustrated by
Antoine de Saint Exupéry

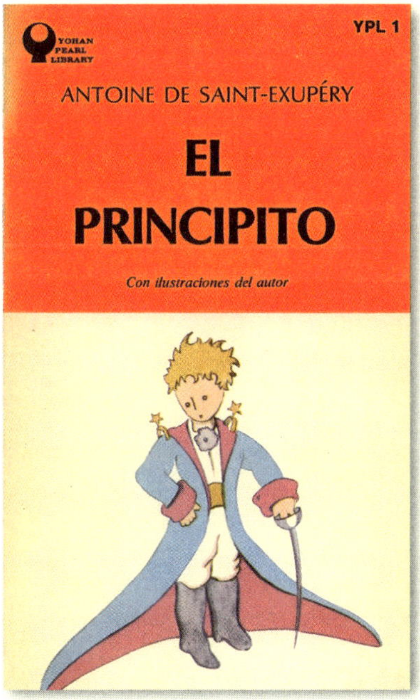
YOHAN PEARL LIBRARY
YPL 1
ANTOINE DE SAINT-EXUPÉRY
EL
PRINCIPITO
Con ilustraciones del autor

I DELFINI BOMPIANI
Antoine de Saint-Exupéry
Il piccolo
principe

zungen Mittelenglisch (*The Litel Prynce*), eine frühe Form des Englischen, die vor sechshundert Jahren gesprochen wurde, und Mittelhochdeutsch (*Daz Prinzelinen*), die Sprache des dreizehnten Jahrhunderts, hinzugefügt.

Der Kleine Prinz ist ein ideales Buch, um andere Sprachen zu lernen, und dient in vielen Schulen auf der ganzen Welt – von Marokko bis Japan – als Schullektüre. Im Kampf gegen den Analphabetismus wurde kürzlich eine Ausgabe in Tifinar für die Tuareg produziert, auch eine Ausgabe in Khmer für Kambodscha. In Toba, einer indianischen Sprache, die in Nord-Argentinien gesprochen wird, erschien ebenfalls eine Übersetzung – neben der Bibel das einzige Buch, das je in Toba übersetzt wurde.

Doch die von Saint-Exupéry so meisterhaft erzählte Geschichte hat auch immer wieder zu völlig neuen Adaptionen, Lesarten, Vergegenwärtigungen und Darstellungsformen herausgefordert und inspiriert. Diese zahlreichen verschiedenen Versionen werden auch gesammelt, zum Beispiel von dem Deutschen Michael Pätel, dessen Hobbys Reisen sind – und der *Kleine Prinz* in jeder nur möglichen Ausgabe und Sprache. Obwohl er die Leistung seiner Sammelleidenschaft in aller Bescheidenheit herunterzuspielen versucht, muss

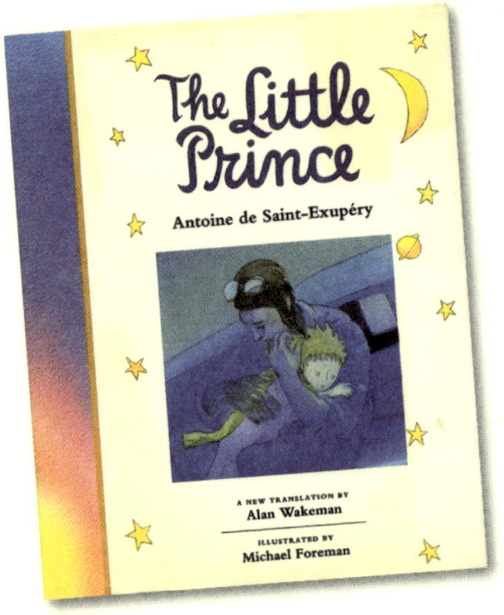

gesagt werden, dass seine Sammlung inzwischen über zweitausend (!) Exemplare umfasst. Dank seiner zahlreichen Reisen und seiner Website ist es ihm gelungen, im Laufe der Jahre diese beeindruckende Sammlung des *Kleinen Prinzen* in so vielen Ausgaben, Sprachen und Dialekten zusammenzutragen. Doch es ist nicht Zahlenbesessenheit oder Besitz um des Besitzes willen, was diesen alle Rekorde brechenden Sammler motiviert, sondern die Faszination, Unterschiede zwischen den Ausgaben zu entdecken, zum Beispiel in den Illustrationen. Michael Pätel ist ein wahrer Enthusiast und in den Kreisen der Kleiner-Prinz-Sammler eine Koryphäe.

DAS BUCH DER REKORDE

Wenn jemals das Wort Weltbestseller seinen Sinn und seine Berechtigung gehabt hat, dann im Fall des *Kleinen Prinzen*. Es ist das meist übersetzte Buch der Welt nach der Bibel. Mit 135 Millionen verkauften Exemplaren hat es eine Verbreitung wie kein anderes Werk der modernen Literatur gefunden – und in fast jeder Sprache hat das Buch Verkaufsrekorde gebrochen: 20 Millionen Exemplare in Englisch, 15 Millionen in Französisch, 15 Millionen in Spanisch, 12 Millionen in Deutsch, 12 Millionen in Italienisch, 12 Millionen in Japanisch, 10 Millionen in Russisch, 9 Millionen in Koreanisch, 8 Millionen in Portugiesisch, 8 Millionen in Osteuropäischen Sprachen, 5 Millionen in Skandinavischen Sprachen, 2 Millionen in Mandarin, 2 Millionen in Arabisch.

Auflagenrekorde melden jedes Jahr die Verlage: 300.000 Exemplare werden jährlich in Frankreich verkauft, 250.000 Exemplare in Deutschland, 220.000 Exemplare in Großbritannien und den Vereinigten Staaten (jeweils im Durchschnitt der vergangenen Jahre). Japan meldet 1 Million verkaufte Exemplare 2006/2007, mit 13 neuen Übersetzungen; Italien 2,5 Millionen verkaufte Exemplare in den letzten zehn Jahren; Lateinamerika und Spanien 400.000 verkaufte Exemplare allein im Jahr 2007, mit einem bemerkenswerten Anstieg in den vergangenen fünf Jahren.

DIE GRAPHIC NOVEL

Im Sommer 2007 eroberte sich der *Kleine Prinz* einen neuen Planeten: die Graphic Novel. Geschrieben und gezeichnet wurde sie von dem Künstler Joann Sfar, der nach einem Treffen mit der Saint-Exupéry-Stiftung und dem Verlag Gallimard im Jahr 2005 grünes Licht für diese ungewöhnliche Adaption des berühmten Stoffes bekam. Wie so viele Menschen hat

auch Joann Sfar eine Geschichte mit dem *Kleinen Prinzen*. Er war drei Jahre alt, als er seine Mutter verlor. Zu seinem fünften Geburtstag bekam er von seinem Großvater das Hörbuch geschenkt. Es habe ihm, so erzählt Joann Sfar, geholfen zu verstehen, was der Verlust eines geliebten Menschen bedeutet.

In Telerama wurde die Graphic Novel während der Sommers vorabgedruckt, und am 15. September 2007 stürmte sie auch die Buchhandlungen. Saint-Exupérys Text wurde unverändert übernommen, doch Joann Sfars magischer Zeichenstift fügte dem

Meisterwerk eine weitere Dimension hinzu, hier und da verlieh eine witzige zeichnerische Idee dem vielgeliebten Helden neue Konturen. Joann Sfar schenkte uns einen neuen, frischen Blick auf das Buch, das wir alle kennen.

In Frankreich ist die Graphic Novel mit über einhunderttausend verkauften Exemplaren ein Riesenerfolg. Dreiundzwanzig Länder haben bislang die Rechte eingekauft, einschließlich England, China und Brasilien. Im Jahr 2008 wurde das Buch im Rahmen des europäischen Comic-Festivals in Angoulême als beste Graphic Novel für junge Leser ausgezeichnet.

NEUE ILLUSTRATIONEN

François Fynaut bezeichnet sich selbst als Freund des *Kleinen Prinzen*. Der in Neukaledonien lebende Künstler schuf eine Comicstrip-Version, die sich im wesentlichen an den Originaltext Saint-Exupérys hielt, sich jedoch in den Details einige Freiheiten erlaubte. Der Flieger zum Beispiel hat sich in Tony verwan-

delt, einen Ex-Rocker in Lederjacke, dessen Motorrad mitten in einer unwirtlichen Vorstadtlandschaft einen Unfall hatte. Der Biker macht nun die Bekanntschaft mit dem Prinzen, der sich auf die Suche nach menschlichen Wesen gemacht hat.

Dies ist nur ein Beispiel für die zahlreichen künstlerischen Umsetzungen des Stoffes. Unmöglich, hier alle zu beschreiben oder auch nur zu erwähnen. Einen besonderen Hinweis verdienen jedoch verschiedene Manga-Versionen (japanische Cartoons), die zum Teil im Internet Verbreitung gefunden haben. So hat der unter Manga-Fans mit seinen Saiyuki-Serien bekannte Kazuya Minekura sich dieser Figur angenommen, aber auch Nyotaro (ein Pseudonym), über den wenig bekannt ist, außer dass er in Thailand lebt.

Obwohl der *Kleine Prinz* als Manga-Titelheld schon ziemlich anders aussieht als die gewohnte Originalfigur, schöpfen auch diese Zeichnungen aus dem Mythos der besonderen Beziehung, die der kleine Prinz zu seiner Rose hat.

Jean-Pierre Davidts hatte sich mit seinem Buch *Der kleine Prinz kehrt zurück* vorgenommen, eine Fortsetzung des Weltbestsellers zu schreiben. Besonders fantasievoll fiel sie jedoch nicht aus: Ausgehend von einem Brief an den »Lieben Herrn von Saint-Exupéry« berichtet der Autor nun seinerseits von einer (Wieder) Begegnung mit einem kleinen Knirps, die sich nach einem Schiffbruch auf einer Insel ereignete. Im weiteren Verlauf folgt die Geschichte den erzählerischen Vorgaben Saint-Exupérys, nur in einer Sprache, die der Autor wohl für zeitgemäß hält. Ein Tiger wird auf dem Asteroiden gehalten, der Prinz freundet sich auf seiner Reise mit einem Mädchen an, das er jedoch wegen seiner Rose verlassen muss, und die Planeten von denen er in seinen »Sternreisegeschichten« berichtet, haben mit modernen Problemen zu kämpfen. Insgesamt hat diese »Fortsetzung« so gut wie nichts von der poetischen, märchenhaften Qualität des Originals. Sie ist aber ein Beleg dafür, dass der *Kleine Prinz* zu allerlei Fantasien inspiriert, auch wenn sie oft zu nichts führen.

Auf siebzig Seiten steht der *Kleine Prinz* in einem großen Pop-up-Buch tatsächlich auf und kommt uns fast entgegen. Die Bergspitze schnellt in die Höhe, damit unser Held darauf steigen kann. Er muss sich wohl aufrichten, um die Vulkane zu säubern, und der Fuchs kommt ihm immer näher, um sich zähmen zu lassen.

Das aufklappbare Pop-up-Buch mit seinen animativen, dreidimensionalen Elementen rückt die Geschichte in eine gleichsam plastische, greifbare Dimension. Die meisten Illustrationen des Autors werden in Bewegung gesetzt; der Text der Erzählung kann in voller Länge gelesen oder vorgelesen werden. Eine faszinierende neue Kreation, eine frische Umsetzung dieser unverwüstlichen Geschichte. Selbstverständlich für Kinder gedacht, aber auch die Erwachsenen werden daran ihre Freude haben. Ende 2009 ist dieses mittlerweile in sechzehn Sprachen – unter anderem Katalanisch, Koreanisch und Griechisch – übersetzte Pop-Up-Buch erschienen und hat auf der ganzen Welt viele Freunde gefunden. Nach einer Startauflage von 180.000 Exemplaren (einschließlich 30.000 Exemplare in Frankreich) wurde eine zweite Auflage von weiteren 200.000 Exemplaren gedruckt.

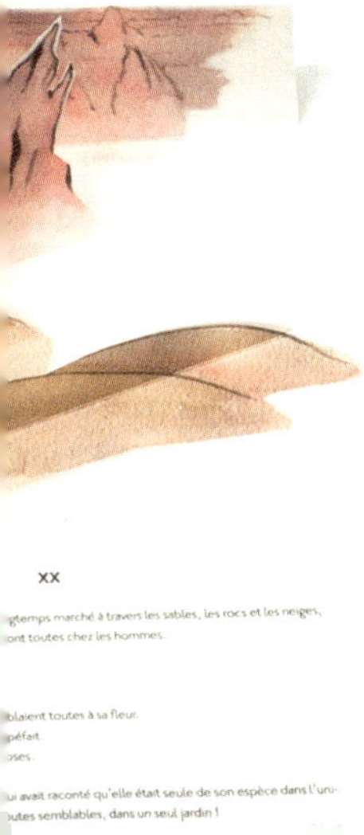

HÖRBÜCHER UND HÖRSPIELE

Der *Kleine Prinz* ist ein klassisches All-Age-Buch, und für kleine Kinder, die noch nicht lesen können, gibt es eine große Zahl an Hörbüchern und Hörspielen. Die größten Schauspieler haben es als eine besondere Herausforderung empfunden, sich mit der Ausdruckskraft ihrer Stimme der Interpretation dieser universellen Geschichte zu stellen.

Für jeden Franzosen über dreißig Jahre ist die Wahrscheinlichkeit groß, dass seine erste Begegnung mit dem *Kleinen Prinzen* mit einer berühmten Stimme stattfand: mit der von Gérard Philipe, der sie dem verunglückten Piloten lieh. Im Jahr 1954 nahm er zusammen mit Georges Poujouly in der Rolle des kleinen Prinzen und Jacques Grello, der den Fuchs sprach, dieses Hörspiel auf; die Langspielplatte wurde – wie auch das Buch – für Generationen von Kindern ein vielgeliebter Hit und ist noch heute als CD erhältlich. Nach wie vor beeindruckt die emotionale Kraft dieser Geschichte – wenn man diese Aufnahme hört, versteht man den Zorn des kleinen Prinzen über den zu sehr von seiner Fliegerei beanspruchten Piloten, die Bedeutung der Lektion, die der Fuchs lehrt, und die Trauer des Fliegers, wenn er uns bittet, ihm Neuigkeiten über den Prinzen zu bringen.

Im Laufe der Jahre folgten noch eine Reihe französischer Schauspielstars von Jean-Louis Trintignant und Jean-Claude Pascal bis Pierre

Arditi sowie – in der jüngsten Version – Bernard Giraudeau. Richard Gere führt die Liste der englischsprachigen Versionen an, Ulrich Mühe und Jan Josef Liefers die der deutschsprachigen. Schätzungsweise achtzig Millionen Audio- und Video-Produktionen wurden weltweit verkauft.

FILME UND MUSICALS

Auch Kino und Fernsehen haben sich des Stoffes angenommen. Der erste Film in voller Länge wurde 1966 unter der Regie des Litauers Arūnas Žebriūnas gedreht. Auch Konrad Wolf verfilmte 1966 den Stoff. 1974 wählten die Paramount Studios Stanley Donen (berühmt für das Musical *Singin' in the Rain*) für eine Hollywood-Verfilmung aus. Er machte aus dem *Kleinen Prinzen* ein Musical, das für den Oscar nominiert wurde und einen Golden Globe für die beste Filmmusik gewann. In Frankreich hatte *Le petit prince* 1975 Premiere (Regie: Jean Louis

Die Hollywood-Verfilmung von Stanley Donen.

Guillermou), 1990 und 1997 verfilmten Theo Kerp und Jaroslav Jakuba die Geschichte.

Das japanische Fernsehen strahlte 1978 eine 39 Episoden umfassende Cartoon-Serie aus, die locker auf dem *Kleinen Prinzen* basierte. Ein Jahr später produzierte Will Vinton einen knapp halbstündigen Kurzfilm mit der beliebten Figur in einer Technologie, die Claymation genannt wird – komplexer als traditioneller Zeichentrick, animiert sie Bild für Bild Plastilinfiguren. 1990 wurde vom TV-Sender Antenne 2 eine Lesung von Richard Bohringer mitten in der Wüste ausgestrahlt (mit der Off-Stimme von Florence Caillon).

Auch das Leben Antoine de Saint-Exupérys kam mehrmals auf die Leinwand: 1994 (*Die letzte Mission* unter der Regie von

Robert Enrico), 1996 (*Saint-Ex* unter der Regie von Anand Tucker) und 1999 in einem Dokumentarfilm nach Motiven von Saint-Exupéry (*Wüste* unter der Regie von Ebbo Demant).

AUF DER BÜHNE

In Frankreich betrat der *Kleine Prinz* erstmalig 1963 unter der Regie von Raymond Jérôme im Théâtre des Mathurins in Paris die Bretter, die die Welt bedeuten. Seither hat es buchstäblich Hunderte von Bühnenproduktionen gegeben – von Schultheatern über Laienspielbühnen bis zu professionellen Theatern. Einige dieser Inszenierungen liefen über Jahre, begeistern immer wieder neue Theaterbesucher. *Der Kleine Prinz* erfreut das Publikum auf jedem Kontinent.

Werfen wir einen kurzen Blick auf einige Produktionen in Deutschland: Die erste deutsche Bühnenfassung des *Kleinen Prinzen* datiert aus dem Jahr 1950, kurz vor dem Erscheinen der Originalausgabe in Frankreich und auch noch vor der deutschen Erstveröffentlichung. Und fast unglaublich: Seit 42 Jahren (!) steht *Der Kleine Prinz* im theater in der westentasche – dem kleinsten Theater Deutschlands – in der Urbühnenfassung auf der Bühne, inzwischen in der dramaturgischen Bearbeitung von Intendantin Christiane Dentler. Ebenfalls Anfang der fünfziger Jahre hatte der Puppenspieler Rudolf Fischer mit seinen Königsteiner Puppenspielen auf der Grundlage einer eigenen Übersetzung als Figurentheaterstück (mit Puppen von Lore Lafin) den *Kleinen Prinzen* auf die kleine Bühne gebracht, nur wenig später gefolgt von der deutschlandweit bekannten Augsburger Puppenkiste. Mitte der Sechziger Jahre nahm Herbert Lederers Einmanntheater seine eigene Fassung ins Programm auf.

In der Tradition des schwarzen Theaters und mit einer fantasievollen Mischung aus Puppen- und Schauspiel brachte das Black Velvet Theater in Wiesbaden die Adaption des *Kleinen Prinzen* von Dana Bufková und Bedrich Hánys auf die Bühne. In der Spielzeit 2000/2001 hatte die poetische Umsetzung von Roberto Ciulli – der selbst den Prinzen als alten Clown darstellte – am Theater an

An Kuohn in der Titelrolle der Inszenierung des Gerhart-Hauptmann-Theaters, Zittau, aus dem Jahr 1993.

der Ruhr Premiere. *Der Kleine Prinz* als alter Clown? Nicht die ungewöhnlichste Verfremdung des Stoffes – die bot die Spielfassung von Bernd Klepin in einer Inszenierung des Theaters Tiefrot in Köln im Mai 2008 unter der Regie von Volker Lippmann. Hier feierte das Regietheater einen düsteren Triumph, indem es die letzten Lebensjahre Saint-Exupérys biografisch-psychologisch zu interpretieren suchte, die Spielhandlung in den Krankensaal einer psychiatrischen Anstalt verlegte und den kleinen Prinzen auf einem zutiefst depressiven Weg in Wahnsinn und Selbstmord zeigte.

Nanda Ben Chabaane in der Rolle des kleinen Prinzen.

Viel gelobt wurde hingegen die Bühneninszenierung der drehbühne berlin aus dem Jahr 2004, die mit über zweihundert Aufführungen ein Publikumserfolg wurde. Daraus entstand ein Konzept für ein Audio-Hörspiel, in einer Bearbeitung von Lorenz Christian Köhler, mit Musik von Antje Volkmann und Christoph Hamann, als Produktion zugunsten von UNICEF.

Lorenz Christian Köhler.

Doch das Hörspiel war nicht das einzige Medium aus dieser hochkarä-

Szene aus dem Film der drehbühne berlin.

tigen Ideenschmiede: In Koproduktion mit der Filmhochschule »Konrad Wolf« in Potsdam-Babelsberg und der Puppenspielabteilung der Hochschule für Schauspielkunst »Ernst Busch« in Berlin wurde von der Drehbühne eine aufwändige Filmversion des *Kleinen Prinzen* produziert. Mit einer ganzen Riege von Stars als Planetenbewohner: Bruno Ganz, Horst Krause, Michael Mendl, Florian Lukas, Dieter Mann und Armin Rohde. Auch zuvor schon war die kurze Geschichte um den Asteroidenbewohner vielfach verfilmt, adaptiert und umgedichtet worden. Doch diese Version war verblüffend: Sinnlich-spielerisch gelang die Annäherung an den ewig gültigen Stoff, pfiffig untermalt von orientalisch inspirierter Musik. Mit einer ästhetisch sehr nah am Original angelehnten, bilderreichen und leichten Erzählweise, mit Puppenspielsequenzen, Animation und Filmtrick-Elementen gelang es, die bekannte Geschichte sowohl für Erwachsene als auch für jüngere Zuschauer spannend und überraschend neu zu erzählen. Die aus Kino und Fernsehen bekannten Schauspieler und die Darsteller der Bühneninszenierung wirken in der Filmaufnahme großartig. Ein fantasievoll-unterhaltsames Filmerlebnis für die ganze Familie.

Von Anfang an inspirierte der *Kleine Prinz* zu ungezählten musikalischen Variationen. Es gibt Lieder (beispielsweise die 1983 auf einer Doppel-LP veröffentlichten *Lieder des kleinen Prinzen* von Kurt Demmler), Orchestersuiten, Singspiele, Opern, Ballette. Gilbert Bécauds Chanson *Le Petit Prince est revenu* geht auf Saint-Exupérys Geschichte zurück. Und es gibt Musicals (wie das, welches 2001 von Richard Cocciante in Paris auf die Bühne gebracht wurde) und Opern (*The Little Prince* von Rachel Portman und *Der Kleine Prinz* von Nikolaus Schapfl).

Schauen wir uns die beiden Opern genauer an. In sechs Jahrzehnten hatten sich Dutzende Komponisten vergeblich um den Auftrag bemüht – bis im Jahr 2001 der *Kleine Prinz* die Opernbühne erreichte. Der Komponist Nikolaus Schapfl wurde 1963 in München geboren, schrieb mit vierzehn Jahren seine erste Partitur und gab wenige Jahre später Klavierkonzerte. Während seines Ingenieurstudiums ließ er sich auch in Komposition unterrichten und setzte seine Musikstudien an den Konservatorien in Nürnberg und Salzburg fort, wo er 1996 den Preis des Mozarteums gewann. Nachdem er die Wiener Hochschule für Musik und Darstellende Künste besucht hatte, nahm er eine Karriere als Pianist und Komponist ins Visier.

Im Alter von sechs Jahren hatte Nikolaus Schapfl den *Kleinen Prinzen* von seinem Onkel geschenkt bekommen. Ohne bereits die Komplexität des Buches verstehen zu können, rührte ihn die Rose. Zehn Jahre später, als er Französisch lernte, lief ihm der *Kleine Prinz* wieder über den Weg. Die Idee, aus dem berühmten Stoff eine Oper zu machen, kam ihm 1990. Eine Orchestersuite wurde 1997 in Shanghai uraufgeführt. Überzeugt, dass Saint-Exupérys Figuren die dramatische Tiefe hatten, um sie zu vertonen, begann Schapfl dann mit der Komposition der ersten Arien. Die Oper *Der Kleine Prinz*, deren Musik teilweise an einen Filmsoundtrack erinnert, wurde 2003 in Salzburg uraufgeführt und erlebte auch mehrere konzertante Aufführungen, unter anderem in Agay und am Prinzregententheater in München.

In Karlsruhe wurde dann die märchenhafte Parabel vom kleinen Außerirdischen mit den weisen Sprüchen szenisch aufgeführt. Das Badische Staatstheater war bemüht, das eng an das Original angelehnte Episodenstück mit Rose, Schlange, Fuchs und König auf die von Regisseur Peer Boysen mit bunten Bildern ausgestattete Bühne zu bringen. Zweitausendfünfhundert Zuhörer bei der Premiere am 25. März 2006 feierten den Komponisten, die Aufführung, aber auch Robert Crowe in der Titelrolle.

Auch die Version, die Rachel Portman, gebürtig aus Surrey (Großbritannien), auf der Grundlage des Librettos von Nicholas

Der Komponist Nikolaus Schapfl.

Wright schuf, ist stark von Filmmusik geprägt. Im Alter von dreizehn Jahren begann sie zu komponieren, während ihres Studiums schrieb sie Musik für die von ihren Kommilitonen aufgeführten Stücke und Filme. Nach dem Abschluss ihres Studiums verlegte sie sich auf das Kino, arbeitete mit den Film- und TV-Regisseuren Mike Leigh und Jim Henson zusammen.

Ab 1999 machte sie Karriere in den Vereinigten Staaten und schrieb die Soundtracks zu den Filmen *Die Legende von Bagger Vance* von Robert Redford und *Mona Lisas Lächeln* von Mike Newell. *The Little Prince*, 2003 in Houston uraufgeführt, war die erste Oper Rachel Portmans, der Spezialistin für »narrative Melodien«.

DAS BALLETT

Natürlich eroberte auch eine Reihe von Tanzversionen die Bühnen der Welt. Zum Beispiel in der Choreographie von Katarina Stojkov-Slijepcevic zu einer von Alexandra Dokic komponierten Musik. Und 2005 in einer Aufführung der Gregor Seyffert Company am Anhaltischen Theater Dessau.

Auch Florencia Gonzalez wählte für die erste offizielle Choreographie des Ballet d'Europe den *Kleinen Prinzen*. Die klassisch ausgebildete Choreographin studierte am Teatro Colon in Buenos Aires und an der John Cranko Schule in Stuttgart, bevor sie ihren eigenen zeitgenössischen Tanzstil entwickelte. Für ihre getanzte

Version des *Kleinen Prinzen* schuf Florencia Gonzalez nicht nur die Choreographie, sondern führte auch Regie bei jedem künstlerischen Aspekt der Produktion, vom Bühnenbild bis zu den Kostümen. Der von René Aubry komponierten Musik fügte sie die Stimmen der neun Tänzer, die Auszüge aus dem Text lasen, hinzu. Das Ballett, das sich auf die Liebesgeschichte des kleinen Prinzen zu seiner Rose konzentriert, wurde wegen seines sehr originellen, lebendigen und ästhetischen Stils sehr gelobt.

DIE MUSEEN

Das Museum des *Kleinen Prinzen* findet sich nicht – wie man vermuten könnte – in Frankreich, ja überhaupt nicht in Europa. Wir müssen weit reisen, um es zu besuchen, nämlich bis nach Hakone, eine kleine japanische Stadt am Fuße des Fuji-Gebirges.

Über eine Million Besucher haben bislang die Pforten des Museums passiert, das Saint-Exupéry und seinem *Kleinen Prinzen* gewidmet ist. 1999 wurde es von seinem Gründer Akiko Tori, einem glühenden Bewunderer des Dichters, eröffnet und erwies sich sehr bald als ein Publikumsmagnet. Auf einem zehntausend Quadratmeter großen Gelände heißt das Museum seine Besucher

Folgende Doppelseite: Orientierungsplan des Museums von Hakone.

Willkommen im Museum
des Kleinen Prinzen.

Das Treppenhaus.

Der Platz des Laternenanzünders.

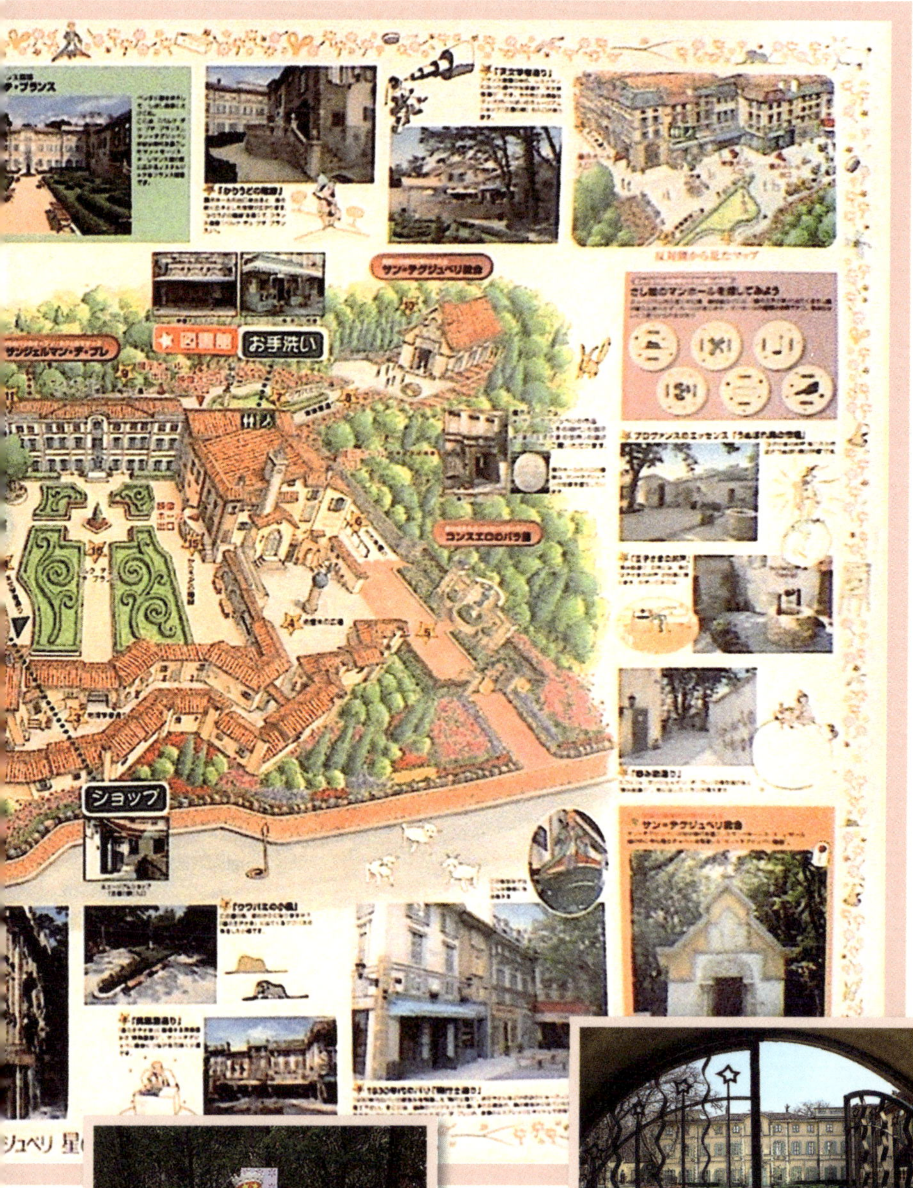

Der König auf seinem Planeten.

Der Park des Museums.

willkommen – sie betreten es durch eine exakte Nachbildung des Tors von Schloss Saint-Maurice in Rémens, wo Saint-Ex den glücklichsten Teil seiner Kindheit verbrachte. Dort werden sie von einer lebensgroßen Statue des kleinen Prinzen auf seinem Planeten empfangen.

Ein typisch provençalischer Straßenzug wurde mit viel Akribie nachgebaut, mitsamt einem Restaurant, in dem südfranzösische Küche serviert wird. Auch die Atmosphäre Lyons in den Dreißiger Jahren wurde einzufangen gesucht.

Das Museum selbst überrascht mit genauen Nachbildungen verschiedener Orte und Dinge, die im Leben von Saint-Exupéry eine Rolle gespielt haben, sowie mit einer großen Kollektion von Fotografien und Dokumenten des Dichters und Fliegers. Im ersten Stock gibt es einen Kinoraum, in dem ständig ein Film über Saint-Exupéry gezeigt wird, außerdem einen Raum, der den zahlreichen verschiedenen Übersetzungen des *Kleinen Prinzen* gewidmet ist. Der Rundgang wird fortgesetzt durch Consuelos Rosengärten gegenüber einer Reproduktion der Fassade von Schloss Saint-Maurice.

Anders als das Museum in Hakone, das sich ganz auf den *Kleinen Prinzen* und seinen Schöpfer konzentriert, stellt das Antoine de Saint-Exupéry Museum in Tarfaya, das am 28. September 2004 auf Initiative der Mémoire d'Aéropostale association eröffnet wurde, die berühmte Fluglinie Aéropostale in den Mittelpunkt der ständigen Ausstellung. So bekommen die Besucher anhand zahlreicher

Exponate einen fundierten Einblick in die Pionierzeit der Luftpost. Saint-Exupéry war »Station Manager« in Tarfaya, und so ist eine besondere Abteilung dem Autor des *Südkurier* gewidmet. Der kleine Prinz findet eine Heimat in einem eigenen Raum des Museums. Auch die Geschichte der friedensstiftenden Mission Saint-Exupérys bei den rebellischen Beduinen wird vergegenwärtigt.

Der kleine Prinz auf seinem Asteroiden – Empfang im Museum von Hakone, Japan.

Der Kleine Prinz im deutschen Sprachraum

Im Jahr 2010 sind es sechzig Jahre her, seit Der Kleine Prinz *– das bekannteste Werk von Antoine de Saint-Exupéry – in einer Übersetzung nach Deutschland kam. Der Erfolg des Autors setzte nach dem Krieg mit erstaunlicher Wucht ein, denn die Werke Saint-Exupérys wirkten sowohl auf die heroisch trainierte deutsche Kriegsgeneration als auch auf die mehr pazifistisch erzogene Nachkriegsjugend ungewöhnlich attraktiv.*

Allein in der Bundesrepublik Deutschland wurden schon bis 1960 insgesamt mehr als eineinhalb Millionen Exemplare der Bücher *Südkurier*, *Nachtflug*, *Wind, Sand und Sterne*, *Flug nach Arras* und des modernen Märchens *Der Kleine Prinz* verkauft.

Warum das Märchen vom kleinen Prinzen nun ausgerechnet in Deutschland so erfolgreich wurde, darüber kann man lange spekulieren. Die Deutschen jedenfalls lieben märchenhafte Geschichten, sie lieben Botschaften, sie lieben Kinderhelden. Sie haben ein Faible für Aphorismen, für prägnante Zitate, für Kalendersprüche. Und von denen bietet *Der Kleine Prinz* eine ganze Menge. Allgegenwärtig sind in diesem Buch die schönen Erkenntnisse, nicht nur Geflügelte Worte, sondern universelle Lebensgesetze. Der kleine Prinz ist der gute Mensch schlechthin. Und was er sagt und lernt, dagegen kann niemand ernsthaft etwas haben. Er ist eine zugleich eigenwillige und das Gemüt ansprechende Figur. Wie *Momo* von Michael Ende, das Mädchen, das auf die denkbar sanfteste Weise den Zeitdieben die Stirn bietet.

Theater, Schulen und viele andere Orte eroberte der kleine Prinz.

DER KARL RAUCH VERLAG UND SEINE GESCHICHTE

Die Geschichte des Verlags beginnt in Dessau, wo der im Jahr 1897 geborene Karl Rauch 1921 eine Kunst- und Bücherstube eröffnete. Dieser Buchhandlung schloss er 1923 einen Buchverlag an. Doch erst nachdem das Unternehmen 1937 nach Markkleeberg bei Leipzig übergesiedelt war, begann der eigentliche Aufbau des Karl Rauch Verlags: Jahrzehntelang wurde von nun an ein breites und profiliertes Programm geführt, in dem sowohl Literatur als auch Sachbuch und sogar Kinderbücher Platz fanden. Literarisches Renommee gewann der Verlag vor allem durch sein internationales Programm, zum Beispiel mit einer zweibändigen Puschkin-Ausgabe (Sämtliche Erzählungen und Dramen), einem Band Russische Erzähler, Büchern von Nikolai Ljeskow und Übersetzungen moderner französischer Autoren, darunter der Werke von Antoine de Saint-Exupéry.

Bis in die Kriegsjahre hinein bekam der Verlag den Druck der nationalsozialistischen Machthaber zu spüren. Schließlich wurde der Verlag verboten. Im März 1945 wurde das Verlagshaus und das Lager bei einem Luftangriff völlig zerstört.

Nach dem Krieg, im Frühjahr 1948, siedelte der Verlag nach Westdeutschland über. Mit einem neuen Partner – dem Graphischen Großbetrieb A. Bagel in Düsseldorf – konnte ab Juli 1949 seine Weiterarbeit gesichert und die Produktion auf eine breitere Basis gestellt werden. Jetzt erschienen Werke von Albert Camus und die meisten Bücher von Antoine de Saint-Exupéry – unter anderem *Der Kleine Prinz* (1950) und *Stadt in der Wüste* (1952).

Über seine Motivation, den Autor Antoine de Saint-Exupéry zu verlegen, gibt sein Verleger Karl Rauch Auskunft: »Diese innige Verschmelzung von Beruf und Geist, von Schreiben und Tun ist es wohl ganz besonders, die Saint-Exupéry vorzüglich zum Helden und Leitbild junger Menschen hat werden lassen. Bei ihm wird nichts nur gesagt und gelehrt, sondern jedes Wort selbst gelebt … Saint-Exupéry ist kein Zuschauer, bleibt nie abseits, ist weder Romantiker noch Illusionist, in ihm vereinen sich aufs schönste und in einer fast griechisch anmutenden Verschmelzung Geist und Tat, berufliches Tun und künstlerische Schaffensgestaltung.«

Ab Anfang 1979 wurde die Programmarbeit jedoch immer weiter reduziert, bis die Novitätenproduktion im Laufe der Zeit vollständig eingestellt wurde. Im Wesentlichen hatte der Verlag nunmehr einen einzigen Autor, dessen Werk er pflegte und betreute: Antoine de Saint-Exupéry. Er ging eine Kooperation mit dem Verlagshaus Patmos ein, wo

Die erste deutsche Originalausgabe.

das gesamte verlegerische Geschäft (Leitung, Lektorat, Herstellung, Lizenzen, Vertrieb) für den Karl Rauch Verlag geleistet wurde.

Mit dem Ausscheiden des Verlagsleiters Dr. Tullio Aurelio aus dem Patmos Verlag entschied die Eigentümerin des Karl Rauch Verlags, die Bagel-Gruppe, den kleinen Verlag ganz seinem bisherigen Verleger anzuvertrauen. Im Oktober 2007 zog Aurelio mit dem *Kleinen Prinzen* an die neue Adresse in der Grafenberger Allee in Düsseldorf, in das Hauptgebäude der Bagel-Gruppe. Hier entwickelt er das editorische Konzept aktiv weiter und betreut er das für den Verlag wichtige Lizenzgeschäft. Unterstützt vom Deutschen Taschenbuch Verlag, der seit 2008 für den Vertrieb verantwortlich zeichnet.

DER CHAMPION AUF DEM DEUTSCHEN BUCHMARKT

Der Champion auf dem deutschen Buchmarkt der vergangenen sechs Jahrzehnte war – ein Taschenbuch. Viel geliebt, viel gelesen, in Schulen als Klassensatz eingesetzt. Das Taschenbuch *Der Kleine Prinz* war nicht die erste Ausgabe dieses Titels, die erschien 1950. Erst zwei Jahre später wurde eine schwarzweiße »preiswerte Ausgabe für die Schüler« herausgebracht, die später von einem vierfarbigen Taschenbuch flankiert und im Jahr 1998 endgültig von ihm ersetzt wurde. Immer wieder neu aufgelegt, jedes Mal erfolgreich. Über sechs Millionen verkaufte Exemplare im deutschsprachigen Raum.

Doch es gab nicht nur das »kleine« Taschenbuch. In den vergangenen sechzig Jahren wurden vom Karl Rauch Verlag über zwanzig Einzelausgaben des *Kleinen Prinzen* und insgesamt weit über neun Millionen Exemplare verkauft. Davon über eine Million in der Hardcover-Originalausgabe. Sechshunderttausend Exemplare wurden von CDs und MCs abgesetzt. *Der Kleine Prinz* – ein Bestseller. Ein Longseller. Ein Everseller.

Wir können den *Kleinen Prinzen* nicht nur auf Hochdeutsch, sondern auch in sechzehn deutschen, österreichischen und schweizerischen Mundarten kennenlernen.

Im Herbst 1950 war die erste Ausgabe des *Kleinen Prinzen* ausgeliefert worden, zunächst in Deutschland. Einige Zeit später erschienen die Ausgaben für die Schweiz und Österreich. Seitdem wurden sie oft nachgedruckt, jedes Jahr mehrmals. Weitere Ausgaben des Werkes folgten, einige wurden mit der Zeit ersetzt, andere kamen hinzu.

Das erste Taschenbuch.

Die Originalausgabe jedoch blieb sich treu. Bisher jedenfalls. Im Jubiläumsjahr wird sie wieder aufgelegt, aber mit einigen neuen Merkmalen.

Das »Markenbild« des *Kleinen Prinzen* in seiner Entwicklung durch die Jahre und Jahrzehnte.

DIE ERSTE DEUTSCHE ÜBERSETZUNG

Die erste Übersetzung des *Kleinen Prinzen* in die deutsche Sprache stammte aus der Feder von Josef Leitgeb und seiner Frau Grete. Sechs Jahrzehnte lang prägte sie die Diktion des *Kleinen Prinzen* in den Buchausgaben, in den Lesungen, auf der Bühne. Einige Sätze sind aus dem Sprachschatz der Deutschen inzwischen nicht mehr wegzudenken, avancierten sogar zu »Geflügelten Worten«: »Man sieht nur mit dem Herzen gut. Das Wesentliche ist für die Augen unsichtbar« etwa, oder: »Du bist zeitlebens für das verantwortlich, was du dir vertraut gemacht hast.«

Der erste deutsche Übersetzer: Josef Leitgeb.

DIE NEUE ÜBERSETZUNG

Nichts ist schwieriger, als einen Klassiker zu übersetzen – angesichts all der Vorläufer-Übersetzungen, die nicht selten sprachschöpferische Leistungen ins Gedächtnis der Leser einbrannten, gegen die schwer anzukommen ist. Als der Karl Rauch Verlag nach fast sechzig Jahren eine Neuübersetzung in

Die deutsche Neuübersetzung.

Auftrag geben wollte, war er sich der Gratwanderung bewusst. Und die bange Frage, ob eine neue Übersetzung wieder begeisterte Leserinnen und Leser finden würde, wo doch Generationen an die bisherige Übertragung gewöhnt waren, war nicht von der Hand zu weisen.

Der Verlag ging auf Nummer Sicher und beauftragte nicht irgendeinen Nachwuchsübersetzer, sondern eine »Edelfeder«, eine der bekanntesten und geehrtesten Übersetzerinnen hierzulande: Elisabeth Edl. Die 1956 in Wagna/Steiermark (Österreich) geborene Literatin hatte schon etliche Klassiker, aber auch moderne französische Autoren in das Gewand der deutschen Sprache gekleidet: Stendhal, Gustave Flaubert, Julien Green, Patrick Modiano und Philippe Joccottet stehen auf ihrer Liste. Und vielfach ausgezeichnet und hoch dekoriert ist sie auch, unter anderem mit dem Celan-Preis, den Petrarca-Übersetzungspreis und dem österreichischen Staatspreis für literarische Übersetzer.

Doch trotz aller Erfahrung und allen Renommees: Elisabeth Edl wagte sich nicht leichtfertig an diese anspruchsvolle Aufgabe, dem *Kleinen Prinzen* sozusagen eine neue Stimme zu geben. »Die Ehrfurcht vor einem Bestseller kann gar nicht groß genug sein«, sagt sie. Und so wurde es ein äußerst behutsames Arbeiten, als sie sich ans Werk begab. Sie kehrte zur Alltagssprache zurück, vermied konsequent jegliche weihevolle Überhöhung, holte das Buch in unsere Wirklichkeit. Die Dialoge kommen ohne Ausschmückung aus, sind jetzt knapper, mitunter karger und dadurch unserem eigenen Reden viel näher. Dezent hat Elisabeth Edl dem Buch das Pathetische genommen, ihn verheutigt, also auch beschleunigt.

»Die Neuübersetzung will deshalb Klang, Rhythmus, Poesie«, hatte sie sich vorgenommen, »aber auch Witz und Ironie des Textes konsequent herausarbeiten; will die knappe, präzise Ausdrucksweise bewahren (also nicht erklärend oder ausschmückend übersetzen), leitmotivartig verwendete Wörter oder Wendungen nicht variieren, sondern auch für den deutschsprachigen Leser erkennbar und gleichbleibend wiedergeben.«

Elisabeth Edl.

So gelang es Elisabeth Edl, trotz der Anlehnung an heutiges Sprachverhalten einen charmanten Ton, eine stilvolle Melodie zu finden und dem Text seinen »eigenen Sound« zu lassen: »Saint-Exupérys *Kleiner Prinz* ist ein philosophisches Märchen für Kinder und für

Erwachsene, und dieses Märchen ist frech, manchmal ein wenig naiv, melancholisch oder traurig, immer offen und geradeheraus, leichtfüßig und quirlig – egal ob auf Französisch oder auf Deutsch. Diese reizvolle Mischung hat es zu einem der erfolgreichsten Bücher der Weltgeschichte gemacht.«

Die *Rheinische Post* fand zu einem wohlwollenden Urteil: »Man muss schon genau hinsehen, um die Unterschiede zur alten Übersetzung zu erkennen. Genau das macht die neue so gelungen: Sie ist keine Revolution, sondern eine Verführung zum Lesen mit diskreten, also kunstvollen Mitteln.«

DER KLEINE PRINZ ZUM HÖREN

Bereits 1956 erschien vom *Kleinen Prinzen* das erste »Hörbuch« – auf einer Doppel-LP von Philips, gesprochen von Hardy Krüger, damals ein Jungstar unter den Schauspielern. Wie in Frankreich ging auch in Deutschland die erste Schauspielergarde mit dem *Kleinen Prinzen* ins Aufnahmestudio: Legendär die Lesungen von Will Quadflieg und – Jahrzehnte später – von Ulrich Mühe.

Die preisgekrönte Lesung von Ulrich Mühe.

Ulrich Mühe (1953-2007) war einer der profiliertesten deutschen Film- und Theaterschauspieler. Seinen größten Erfolg feierte er mit der Rolle des Stasihauptmanns Gerd Wiesler in Florian Henckel von Donnersmarcks Kinofilm *Das Leben der Anderen*, der 2007 den Oscar als bester nicht-englischsprachiger Film erhielt. Für diese Rolle erhielt Mühe auch den Deutschen Filmpreis 2006 und den Europäischen Filmpreis 2008.

Ulrich Mühe war auch als Sprecher von Hörbuchproduktionen sehr gefragt. Von Antoine de Saint-Exupéry las er *Südkurier* und *Wind, Sand und Sterne* sowie *Der Kleine Prinz*, der ihm 2000 den erstmals für eine Wortproduktion vergebenen Jahrespreis der Deutschen Schallplattenkritik, 2003 den HörKules sowie die Goldene und die Platin-Schallplatte für über 500.000 verkaufte Exemplare eintrug. »So muss das gelesen werden, nur so«, befand *Die Welt* über diese prämierte Hörbuchfassung des Welterfolgs, in welcher der Schauspieler Traurigkeit, Freude und Melancholie ebenso einfühlsam umzusetzen verstand wie die menschlichen Schwächen der Bewohner von sieben Planeten, denen der kleine Prinz auf seiner Reise zur Erde begegnet. Warm und weich ist diese Stimme, jedoch – wenn sie die Schlange intoniert – auch scharf und zi-

Ulrich Mühe.

schend. Ulrich Mühes stimmliche Sensibilität und Präzision macht den in der Erzählung angelegten Dualismus von Nähe und Distanz, von fremder Welt und eigener Welt unmittelbar erfahrbar. Seine bewegende Interpretation setzt auf Behutsamkeit, ohne betulich zu wirken, auf Nachvollziehbarkeit, ohne zu entzaubern, auf Ernst und Bestimmtheit, ohne Freudiges und Lebendiges zu überdecken. Die vom Jazz inspirierten, aber einfühlsamen und stimmungsvollen Zwischenmusiken von Jürgen Treyz eröffnen vor allem Kindern Raum, das Gehörte in Ruhe aufzunehmen.

Als der Karl Rauch Verlag schließlich Jan Josef Liefers verpflichtete, betrat er jedoch auch mit dem Hörbuch Neuland. Nicht nur, dass für den Sprecher die Neuübersetzung zur Grundlage wurde, zum ersten Mal wurde wieder der vollständige Text des *Kleinen Prinzen* als Lesung angeboten. Wie die neue Übersetzung trat auch die neue Lesung gegen einen übermächtigen Schatten an: Die Stimme von Jan Josef Liefers klingt anders als die von Will Quadflieg, dem Pionier, und auch anders als die von Ulrich Mühe, seinem Vorgänger. Jetzt kamen neue Seiten des Buches und neue Facetten seines Autors zum Vorschein: Sicherlich ist der *Kleine Prinz* meditativ, aber eben nicht nur. Er hat auch einen hintergründigen Humor, den Jan Josef Liefers kongenial zum Ausdruck brachte.

Mit Jan Josef Liefers wurde der *Kleine Prinz* zum »Genuss für alle, die die älteste Form der Literaturvermittlung schätzen: die des Vorlesens« (Rheinische Post). Der 1964 in Dresden geborene Schauspieler, Regisseur, Musiker und Sprecher hatte nach der Ausbildung an der Hochschule für Schauspielkunst Ernst Busch in Berlin Engagements an renommierten Bühnen, zum Beispiel am Deutschen Theater und am Thalia Theater in Hamburg. Im Kino debütierte er 1989 mit dem Film *Die Besteigung des Chimborazo*. Mit *Knocking on Heaven's Door* und *Rossini* schaffte er 1997 den Durchbruch. Seite 2002 ist er regelmäßig in der Rolle des Rechtsmediziners Professor Friedrich-Karl Boerne im WDR-Tatort aus Münster zu sehen. Er spielte unter anderem in Filmen wie *Der Baader-Meinhof-Komplex*, *Die Nachrichten* oder *Das Wunder von Lengede*, für den er 2003 mit dem Adolf-Grimme-Preis und dem Bambi ausgezeichnet wurde. 2009 erschien seine Autobiografie *Soundtrack meiner Kindheit*.

Liefers war ein Glücksgriff – anders kann man es nicht sagen. Er lud den Text »mit jener Ironie auf, die man wie einen Hauch auf der Haut fühlen kann«, poetisierten die *Stuttgarter Nachrichten*. »So fein-

Jan Josef Liefers.

lippig und kleinstimmig kann er also sein, der Liefers, die Farbe ändern wie ein Chamäleon, wenn es die Situation verlangt.«

Mit diesem Hörbuch wurde in der Geschichte des *Kleinen Prinzen* ein neues Kapitel aufgeschlagen. Große Sprecher hatten sich früher schon ans Werk gemacht; jeder hat versucht, dem Klassiker eine eigene Note zu geben. Das gelingt auch Jan Josef Liefers, aber sie ist auch überraschend und – zeitgemäß. Denn er verfügt über eine ganze Palette von Ausdrucksmöglichkeiten, so dass beim Zuhören keinerlei Monotonie oder Langeweile aufkommt: Er kann leise und wunderbar ironisch sein, er ist unsicher und forsch, manchmal auch wütend. Und das alles genau dosiert, nie überwürzt: Er nimmt sich eher zurück und stellt sich in den Dienst der Erzählung, als mit der Stimme zu posieren.

Jan Josef Liefers nach einer Lesung aus dem *Kleinen Prinzen*.

Vor allem auch die vielen Bühnenfassungen – Figuren- und Marionettentheater, Puppenspiel, Ballett, aber auch abendfüllende Schauspiele – belegen die ungebrochene Popularität des *Kleinen Prinzen* und seiner Geschichte. In Deutschland. In Europa. Auf der ganzen Welt.

IN ALLEN MUNDARTEN

In sechzehn Bänden veröffentlichte der Verlag M. Naumann *Le Petit Prince* in deutschen Mundarten:

PFÄLZISCH	*De kläne Prinz*
HESSISCH	*De klaane Prinz*
FRÄNKISCH	*Der klaa Prinz*
KÖLSCH	*Dä kleine Prinz*
SCHWÄBISCH	*Dr kleine Prinz*
BAYRISCH	*Da kloa Prinz*
JIDDISCH	*Der kleyner prints*
PLATTDEUTSCH	*De lütte Prinz*
BADISCH-ALEMANNISCH	*Dr chlei Prinz*
SAARLÄNDISCH	*De glään Brins*
WIENERISCH	*Der klane Prinz*
KÄRNTNERISCH	*Da klaane Prinz*
OBERÖSTERREICHISCH	*Da kloane Prinz*
BERLINERISCH	*Der kleene Prinz*
PLAUTDIETSCH	*Dee tjliena Prinz*
TIROLERISCH	*Der kluene Prinz*

Daneben existiert auch eine Berndeutsche Ausgabe (siehe auch: Schweizerdeutsch) aus dem Lokwort Verlag:

BÄRNDÜTSCH, übersetzt von Lorenz Pauli .... *Der Chly Prinz*

Eine obersorbische Ausgabe aus dem Tintenfass-Verlag:

OBERSORBISCH, übersetzt von Claudia Knobloch .... *Mały princ*

Und eine weitere plattdeutsche Ausgabe, auf der Grundlage der niederdeutschen Mundart des Hümmlings:

PLAETTDÜTSK, übersetzt von Heinrich Book .... *De lüttke Prinz*

Die Freunde des Kleinen Prinzen

Längst ist der Kleine Prinz *zu einem Monument geworden, und so wundert es nicht, dass man ihm auch als Denkmal begegnen kann. Auf einer Statue, die zu seinen Ehren auf der Place Bellecour in Lyon aufgestellt wurde (ein Werk von Christiane Guilaubey) sieht man ihn in Begleitung von Antoine de Saint-Exupéry.*

Eine weitere Statue steht in Toulouse (ein Werk von Madeleine de Tazenas). Er ist die zentrale Figur auf dem Brunnen, den man in Agay aufgestellt hat, und auch in Northport (USA), wo der Dichter seine Geschichte aufschrieb, findet man seine Statue. Eine Plakette an der Wand im Restaurant *La Grenouille* in New York erinnert daran, dass in diesem Haus einst das Studio des Malers Bernard Lamotte war, wo Saint-Exupéry angeblich die ersten Illustrationen für sein Buch angefertigt hat.

Überall in der Welt gibt es Gruppen, die sich als »Freunde des Kleinen Prinzen« bezeichnen. In New York kann man auf einem »Literaturweg« in den Fußstapfen Saint-Exupérys wandeln. Rosa Maxit, Direktorin des Saboyano Cultural Centre in San José hat verschiedene Ausstellungen organisiert, um die argentinische Öffentlichkeit mit dem *Kleinen Prinzen* bekannt zu machen. Überhaupt ist Saint-Exupérys Held in Brasilien eine besondere Berühmtheit. Eine auf seiner Geschichte basierende Bühnenshow fand ein Publikum von 200.000 Zuschauerinnen und Zuschauern. *Der Kleine Prinz* ist hier Teil des Schullehrplans, in einem Buch, das Kindern die erste Liebe nahebringt. Im Oktober 2009 war São Paulo Gastgeber einer riesigen, Saint-Exupéry und seinem *Kleinen Prinzen* gewidmeten Ausstellung, die anschließend auch in Rio de Janeiro gezeigt wurde und 100.000 Besucherinnen und Besucher anlockte.

Auch an Cosplay, in Japan entstanden und inzwischen auf der ganzen Welt verbreitet, ist der *Kleine Prinz* nicht spurlos

Die Größe eines Berufs besteht vielleicht vor allem darin, dass er Menschen zusammenbringt. Es gibt nur eine wahrhafte Freude: den Umgang mit Menschen.

ANTOINE DE SAINT-EXUPÉRY

vorbeigegangen. Das Phänomen ist einfach: Der Cosplayer kleidet sich in ein oft sehr fantasievolles und aufwendiges Kostüm im Stil seines Lieblingshelden (zumeist eines Comic Strips oder eines Videospiels) und trägt es auf Treffen der Cosplayer oder zu speziellen Events. Kleiner-Prinz-Cosplayer sind zum Beispiel auf den Buchmessen im philippinischen Manila und im deutschen Frankfurt am Main anzutreffen, dokumentieren ihre Auftritte jedoch auch im Internet.

Der Held der Kinder und sein Schöpfer fungiert auch als offizieller Namensgeber: Eine wachsende Zahl von Schulen hat sich die Namen Antoine de Saint-Exupéry und *Der Kleine Prinz* gegeben – in Frankreich sind es schon über vierhundert Schulen, die den einen oder anderen Namen tragen. Auch außerhalb von Saint-Exupérys Heimat – von Argentinien bis Mali und von Italien bis Quebec – haben sich sechzig weitere Schulen diese Namen gegeben.

DER KLEINE PRINZ IM WELTALL

Im Oktober 1993 entdeckten die Astronomen Kin Endate und Kazuo Watanabe zwischen den Umlaufbahnen von Mars und Jupiter einen Asteroiden, der die Bezeichnung 46610 erhielt. 2002 hatte ihr französischer Kollege José Frendelvel, die Idee, zu Ehren von Antoine de Saint-Exupéry einen Asteroiden zu benennen. Leider passte B612 nicht in das von der Internationalen Astronomischen Union angelegte Verzeichnis. B612 ist jedoch die hexadezimale Schreibweise von 46610, so dass nach einigen Diskussionen zwischen dem Astronomen und der IAU der Asteroid 46610 nun als Bésixdouze bezeichnet wird.

Es gibt auch ein astronomisches Objekt, das nach dem *Kleinen Prinzen* benannt ist – kein Asteroid, sondern der Mond Eugenia, der den Asteroiden 45 in 4,7 Tagen umkreist und Petit-Prince genannt wird.

Im Jahr 2002 nahm der Astronaut Philippe

Perrin ein Exemplar des Buches mit auf seine Weltraum-Mission, zusammen mit einer Plakette, die Saint-Exupérys meistgeliebten Helden zeigte.

DIE UNIVERSALE SYMBOLFIGUR

Im Jahr der Feierlichkeiten zum sechzigsten Geburtstag der UN-Erklärung der Menschenrechte wurde der kleine Prinz als Botschafter ausgewählt: für die »Kenne-deine-Rechte«-Kampagne – die sich zum Ziel gesetzt hatte, Kinder besser über die Menschenrechte im allgemeinen und ihre Rechte im besonderen zu informieren.

Als Held einer Geschichte mit einer universalen Botschaft, die überall auf der Welt verstanden wird, ist der kleine Prinz inzwischen eine Legende, ein Symbol der Menschlichkeit, der Hoffnung und der Brüderlichkeit. Er ist auch so etwas wie der Botschafter einer Spiritualität, die nach dem Wesen der Dinge sucht und nicht zuletzt Sinn zu stiften vermag. Es überrascht uns also nicht, dass verschiedene Firmen, Organisationen und Institutionen ausgerechnet sein Bild verwenden, um ihre Ziele und ihre Anliegen besser darstellen zu können.

Die Fondation Réunica verwendete das Bild des kleinen Prinzen in einer Anzeigenkampagne: Er trug die Farben der Organisation und wurde aus einem rauchenden Vulkan geschleudert

Seine Botschaft: Nutze die alternative Medizin, wenn du mit dem Rauchen aufhören willst.

Das Energieunternehmen Veolia stellte den *Kleinen Prinzen* vor, um uns daran zu erinnern, wie wichtig Umweltschutz für den Planeten ist, den wir »gezähmt« haben und für den wir nun »für immer verantwortlich sind«.

Der Elektronikgigant Toshiba stellte in einem TV-Spot einem Kind den kleinen Prinzen als Vorbild hin: Es soll seinem Beispiel folgen, eine Blume zu pflanzen, um unseren Planeten schöner und lebenswerter zu machen.

Aber es gibt auch Dutzende, ja Hunderte von seriösen Organisationen, vor allem in Frankreich, die es sich zum Ziel ge-

Забота о ближнем никогда
не выйдет из моды.

setzt haben, Brücken zu bauen, menschliche Solidarität zu leben, Vereinzelung und Einsamkeit zu überwinden. Sie haben sich der humanistischen Philosophie des *Kleinen Prinzen* verschrieben, folgen dem Beispiel ihres kleinen Helden und seiner universalen Botschaft.

DIE KLEINEN PRINZEN:
VON DER KRAFT EINES TRAUMS

Es begann im Jahr 1987. Marie Bayle, eine Krankenschwester, und Dominique Bayle, eine Sportlehrerin, suchten nach einem Weg, kranken Kindern ihr Leiden zu erleichtern. Als sie herausfanden, wie mächtig Imaginationen sein können, waren sie überzeugt: Macht man Träume für kranke Kinder wahr, bringt das nicht nur ein bisschen mehr Glück in ihr Leben, sondern gibt ihnen auch neue Kraft im Kampf gegen ihre Krankheit.

Welches Symbol für den Kampf, der aus der Imagination eine Waffe gegen die Krankheit macht, wäre besser geeignet als der *Kleine Prinz*? Alle, die an ihre Träume glauben und sich auf ihre Art gegen die harten Realitäten in ihrem Leben stemmen, sind doch kleine Prinzen. Marie und Dominique Bayle brauchten also nicht lange nach einem Namen für ihre Organisation zu suchen: Es sollten »Die Kleinen Prinzen« sein!

Darum, mein Freund, brauche ich so sehr Deine Freundschaft. Ich dürste nach einem Gefährten. Zu Dir kann ich kommen, ohne ein Stück meiner inneren Heimat preiszugeben. In Deiner Nähe brauche ich mich nicht zu entschuldigen, nicht zu verteidigen, nichts zu beweisen. Über meine ungeschickten Worte, über meine Urteile hinweg, siehst Du einfach nur mich.

ANTOINE DE SAINT-EXUPÉRY, *Briefe der Freundschaft*

Frédéric d'Agay, Großneffe Saint-Exupérys, unterstützte die beiden Initiatorinnen bei ihrem Projekt. Seit ihrer Gründung im Dezember 1987 hat die Organisation über dreitausend Träume buchstäblich wahrgemacht: Reisen in weit entfernte Länder, außergewöhnliche Begegnungen und erstaunliche Abenteuer. Dinge, die sich Kinder schon lange gewünscht hatten, Träume, die bislang nicht für sie in Erfüllung gegangen waren. »Die Kleinen Prinzen« machten diese Träume wahr: Ein krankes Kind durfte zu einem langersehnten Flug in einen Heißluftballon klettern, andere durften als Clown auftreten oder auf einer Bühne mitspielen, auf einem Pferd reiten, eine Kreuzfahrt auf der Queen Mary mitmachen, ihren Lieblingsstar treffen – die Liste ist nahezu unendlich.

ZEICHNE MIR EIN SCHAF:
EIN PLAN ZUM LEBEN

»Zeichne mir ein Schaf« ist der erste Satz, den der kleine Prinz dem in der Wüste verunglückten Piloten sagt. Er wurde das Motto für alle diejenigen, die verloren waren in ihrer Verzweiflung, von allem und jedem abgeschnitten, und dennoch hofften, ihren Lebensweg wiederzufinden. Auch der kleine Prinz findet schließlich seine Rose wieder auf dem weit entfernten Planeten, der seine Heimat ist. Dieser Idee folgt die Organisation »Zeichne mir ein Schaf«, die seit 1990 Kinder und Jugendliche, die an AIDS leiden, sowie ihre Familien unterstützt und ihnen mit Rat und Tat zur Seite steht. Die Organisation hilft ihnen, ihre Unabhängigkeit wiederzugewinnen, Familienbindungen – etwa zwischen Eltern und Kind, Mutter und Baby – wiederherzustellen oder zu sichern und die Zukunft wieder in ihre Hand zu nehmen.

Professionelle Hilfskräfte bieten Erkrankten und ihren Familien psychologische, medizinische, soziale und erzieherische Unterstützung, zugeschnitten auf die Bedürfnisse und das Lebensalter der Betroffenen. Eine der vielen innovativen Ideen, welche die Organisation entwickelt hat: Sie lädt Kinder ein, die Schwierigkeiten, denen sie ausgesetzt sind, in Rollenspielen darzustellen. In Gesprächen mit Psychologen können sie dann Lösungen entwickeln und in die Tat umsetzen. Die Organisation hat ihren Sitz in Paris, ist aber in ganz Frankreich aktiv.

LES AILES DU PETIT PRINCE: TRÄUME VOM FLIEGEN FÜR BEHINDERTE KINDER

Benachteiligten, behinderten oder schwer kranken Kindern Träume zu erfüllen und ihnen zu helfen, ist auch das Ziel der Frauen und Männer, die ihre Zeit und Energie der Organisation Les Ailes du Petit Prince zur Verfügung stellen. Es geht himmelwärts in die Luft: Von weit oben können diese kleinen Prinzen unsere Erde erkunden, die Sterne in Reichweite, neben sich eine Wolke, welche die Form eines Schafes hat.

Ein Abenteuer, das Verbindungen schafft und Menschen miteinander vertraut macht. Neue Planeten werden so in die Reichweite von Kindern und ihren Familien gerückt.

Die 1998 gegründete Organisation ermöglicht nicht nur kranken oder behinderten Kindern die Erfahrung des Fliegens, sie bringt vor allem – noch wichtiger – Menschen zusammen, stiftet

Freundschaften und beweist auf diese Weise, dass es zwischen Menschen keine Grenzen gibt. Wie Antoine de Saint-Exupéry es gelehrt und vorgelebt hat: Respekt und Menschlichkeit entdecken, geben und teilen.

Ach, Herr General, es gibt nur ein Problem,
ein einziges in der Welt. Wie kann
man den Menschen eine geistige Bedeutung,
eine geistige Unruhe wiedergeben?

ANTOINE DE SAINT-EXUPÉRY, *Brief an einen General*

LE PETIT MONDE:
KINDER BESCHÜTZEN

Im Jahr 1997 schloss sich eine Gruppe von Kinderärzten zusammen, um eine Idee zu verfolgen: »Krankenhäuser müssen ihre Kinderabteilungen neu denken. Sie müssen die Bedürfnisse der Kinder, denen sie dienen, stärker berücksichtigen.« So wie der kleine Prinz darauf bedacht war, seine Rose zu beschützen, wollten sie sich mit ihren kleinen Patienten stärker »vertraut machen« und die Lebensqualität auf den Kinderstationen verbessern.

Schließlich nahmen mehrere Projekte Gestalt an: Das »MRI Spiel« hilft Kindern bei teilweise anstrengende Untersuchungen, indem es sie anhält, stillzuhalten: Eine Cartoonfigur erklärt ihnen, wenn sie sich nicht mehr bewegen sollen. Während des Scannens wird der Cartoon auf dem Monitor sichtbar. Ziel ist, den jungen Patienten Anästhesie oder Beruhigungsmittel zu ersparen.

Um kranken Kindern zu helfen, während ihres Klinikaufenthalts mit dem möglichen Trauma der Trennung von ihren Eltern zurechtzukommen, entwickelte die Organisation die Idee eines besonderen Kinderhauses, eines »Hauses des Kleinen Prinzen«: Hier werden für Eltern und Geschwister des kranken Kindes Apartments zur Verfügung gestellt werden, damit die ganze Familie nahe beieinander bleiben kann. Dank dem *Kleinen Prinzen* können die Kinder nun einem Krankenhausaufenthalt mit weniger Angst entgegensehen.

ASSOCIATION LE PETIT PRINCE:
HORIZONTE FÜR KINDER ÖFFNEN

Ihr Logo – ein Kind auf einem geflügelten Pferd himmelwärts reitend – sagt viel über die Ambitionen der *Association Le Petit Prince*. Die Organisation wurde 1985 gegründet und bietet Abenteuerferien für Kinder im Alter von sechs bis fünfzehn Jahren an, zusammen mit Einführungen in ökologische und kulturelle Themen. 1996 startete die Organisation ihr Soleil au Coeur-Programm (Sonne im Herzen) mit Ferienangeboten für sozial benachteiligte Kinder. Sie sind bestimmt von Werten wie Respekt für sich selbst und andere, Hilfsbereitschaft, Ablehnung von Gewalt, Toleranz. Das »Theater-Forum« ermuntert Kinder, Konflikte durch Gespräch und Diskussion zu lösen, Verständnis füreinander zu entwickeln, auf den anderen einen Schritt zuzugehen.

Und welche Rolle spielt der kleine Prinz hier? Er ist ein Beispiel, ein Rollenvorbild. Hatte er nicht seinen Asteroiden verlassen, um Freunde zu suchen und zu finden? Hat er uns nicht Geduld gelehrt bei der Aufgabe, uns Menschen vertraut zu machen? Kann es eine bessere Lektion in Verantwortung geben als Saint-Exupérys Märchen? Aus diesem kleinen Buch können wir lernen, dass das Wesentliche für die Augen unsichtbar ist und dass wir nur mit dem Herzen erkannt werden können

Der Kleine Prinz, übersetzt in unzählige Sprachen und Dialekte, spricht zur ganzen Welt. Freiwilligen-Organisationen, die sich für die Ärmsten und Benachteiligtsten engagieren, haben ihn quasi adoptiert und sehen in ihm den Maßstab ihres Einsatzes für Mitmenschen – mit all der Liebe, wie sie auch der kleine Prinz seiner Rose angedeihen lässt.

HOSPITAL PEQUEÑO PRÍNCIPE

Ich war immer der Meinung, jedes Kind sollte so behandelt werden wie ein kleiner Prinz oder eine kleine Prinzessin«, sagt Ety Goncalves da Conceiça Forte, Vorsitzender der Hospital Association for Child Protection. Der kleine Prinz ist verantwortlich für seine Rose, und wir sind verantwortlich für die kleinen Prinzen, die mit uns leben – unter diesem Motto wurde das Hospital Pequeño Príncipe in Brasilien gegründet. Hier wird Kindern und ihren Familien medizinische Versorgung, Pflege, Hoffnung, Kultur und Gespräch angeboten.

Alles begann 1919, als eine Handvoll Ärzte und Krankenschwestern, alles Freiwillige, einen Zweig des Roten Kreuzes in Parana gründete. Im Jahr 1930 wurde das erste Gebäude des Kinderhospitals eingeweiht, 1956 am Hospital Dr. Raul Carneiro ein Kinderhilfswerk gegründet. Fünfzehn Jahre später erhielt das Krankenhaus seinen jetzigen Namen: Pequeño Príncipe (Kleiner Prinz).

Brasilien hat heute eine Bevölkerung von 192 Millionen, 69 Millionen sind unter achtzehn Jahre alt. Nur drei Viertel aller brasilianischen Haushalte hat Zugang zu medizinischer Versorgung. Diese statistischen Daten können erklären, warum das Krankenhaus Pequeño Príncipe mit seinen dreißig Spezialabteilungen für die Kinder und Jugendlichen ein Hoffnungsschimmer am Horizont ist. Es arbeitet eng mit dem Pele Research Institute zusammen – gesponsert von Pele, dem weltberühmten Fußballstar und brasilianischen Nationalhelden –, das Studien zur Erforschung von Krankheiten und zur Entwicklung wirksamer Medikamente finanziert.

Allein die Kardiologie-Abteilung führt im Jahr über siebenhundert Operationen durch. Das Krankenhaus ist eines der größten in Südamerika, seine Reputation geht weit über die Grenzen Brasiliens hinaus. Es stellt seinen kleinen Patienten Spiele zur Verfügung, Kinderpflegerinnen und Schauspieler bieten Aktivitäten zur Unterhaltung an, um die Kinder von ihrer Krankheit abzulenken. Die Kinder sollen sich hier sicher fühlen, und wenn sie ihr Patientenzimmer zum ersten Mal betreten, das Gefühl haben, in das Haus eines Freundes zu kommen. Eine große Zahl von freiwilligen Helfern steht dem Klinikpersonal zur Seite. Jeder trägt dazu bei, dass sich alle so gut es geht wohlfühlen, in jeder Phase und bei welcher Krankheit auch immer. »Sich vertraut machen« bekommt hier eine kollektive Bedeutung.

In letzter Zeit hat die Klinik ihre Anstrengungen erhöht, neues Material zu beschaffen – für die Chirurgie ebenso wie für die Forschung. Das Ziel ist unverändert, allen kranken Kindern qualitativ höchstwertige medizinische Versorgung angedeihen zu lassen.

DIE STERNE DES KLEINEN PRINZEN

Russland, 2007: Mit Unterstützung der Saint-Exupéry Stiftung gründet Igor Shamaraev »Die Sterne des Kleinen Prinzen«, eine Organisation, welche die Philosophie des Buches in die Tat umsetzen will.

Für den Präsidenten »sind der kleine Prinz und Saint-Exupéry Symbole, die in der Lage sind, Menschen zusammenzuführen, die sich in Projekten engagieren, um die Welt zu einem

besseren und gerechteren Ort zu machen«. Die Philosophie des »Brückenbaus«, inspiriert vom Flieger und Dichter, bildet die grundlegende Inspiration für alle Projekte der Organisation, die in verschiedenen Bereichen arbeitet, um Kindern in Not (Waisen, aber auch solchen aus benachteiligten Familien) zu helfen.

Im Waisenhaus von Voronezh zum Beispiel wurde ein »Garten des Kleinen Prinzen« eingerichtet, wo die Kinder spielen können. Wie der kleine Held sich um seinen Planeten sorgt, so will die Organisation unseren Planeten, die Erde, schützen. Sie fördert zum Teil sehr konkrete ökologische Bildungsprojekte, startete zum Beispiel – zusammen mit dem russischen Greenpeace und einer örtlichen Papiermanufaktur – Kampagnen zur Aufklärung über die Gefahren des Chlorbleichens bei der Herstellung von Papier. Als *Der Kleine Prinz* in Altai publiziert wurde, verteilten freiwillige Helfer Bücher in abgelegenen Dörfern der Republik Altai. Im Jahr 2009 feierte die Organisation den fünfzigsten Geburtstag der russischen Übersetzung des *Kleinen Prinzen*.

Die Zukunft des Kleinen Prinzen

In den vergangenen sechs Jahrzehnten war das Buch das unangefochtene kulturelle Leitmedium; die zahlreichen Adaptionen zum Kleinen Prinzen *in anderen Medien und Kunstformen waren zumeist sporadisch und in ihrer Reichweite überdies begrenzt. Inzwischen hat die digitale Revolution den Markt der Möglichkeiten heftig in Bewegung gebracht; das Buch ist in etlichen Bereichen der Kultur bereits auf dem Rückzug.*

Muss der *Kleine Prinz* nun fürchten, bei den jüngsten Generationen, den Erwachsenen von morgen, abgehängt zu werden? Oder sollte er sich verschiedenen neuen Medien öffnen – jenen, die den heutigen Kindern vertraut sind?

DIE ZUKUNFT HAT BEGONNEN

In wenigen Jahren – 2014, also siebzig Jahre nach dem Tod des Autors Antoine de Saint-Exupéry – endet die Schutzfrist des Urheberrechts. Dann ist – außerhalb Frankreichs – der *Kleine Prinz* und mit ihm alle anderen Werke des Dichters »frei«. Die Ära der Rechteinhaber und Lizenzgeber geht also mit rapiden Schritten ihrem Ende entgegen. So ist der enorme mediale Vorstoß zu erklären, der im Jahr 2010 begonnen hat und eine Reihe von Werken hervorbringen wird, die neuen Urheberschutz in Anspruch nehmen.

Doch ob die Botschaft des *Kleinen Prinzen* heute in einer auf das Visuelle ausgerichteten Medienwelt noch gehört wird, ist fraglich. In der gegenwärtigen Kulturindustrie, wo das Kinderbuch nicht mehr zu genügen scheint, sondern eine Flut von Merchandising-Artikeln und Accessoires – vom Federmäppchen bis zur Kakaotasse – hervorbringt, läuft der Klassiker der Kinderliteratur Gefahr, entweder im Meer des Kommerzes unterzugehen oder selbst vereinnahmt und kommerzialisiert zu werden.

DIE NEUE MARKE

Eine faszinierende Welt soll sich künftig auf Leinwänden und Monitoren öffnen – mit zahlreichen neuen Anwendungen und Spielkonsolen der nächsten Generation. Da die Bedeutung des Buches im Alltag und in der Freizeit von Kindern kontinuierlich ab-, die vor Monitoren verbrachte Zeit jedoch zunimmt (die Franzosen verbringen 31 Stunden wöchentlich vor Monitoren – Fernsehen, Internet, DVDs, Videospielen –, davon allein 21 Stunden vor dem TV), richten sich alle Anstrengungen darauf, den *Kleinen Prinzen* auf die Bildschirme zu bringen. Für heutige Kinder sind Monitore eine Selbstverständlichkeit, die *Digital Native*-Generation wächst mit jedem Jahrgang. Geübt im Multitasking, verbringen europäische Kinder von zwei bis elf Jahren mehr als 15 Stunden wöchentlich vor dem Fernseher, mehr als neun Stunden wöchentlich vor einer Spielkonsole, bis zu acht Stunden wöchentlich mit dem Computer. Wobei die Fernsehzeit abnimmt, die im Internet, mit Smartphones und Videospielen zugebrachte Zeit zunimmt.

Für die Rechteinhaber und Lizenzgeber des *Kleinen Prinzen* mehr eine Versuchung als eine Herausforderung, ihren weltbekannten Helden ins 21. Jahrhundert, in neue Dimensionen zu führen. Alle gegenwärtigen und künftigen Plattformen werden dabei in den Fokus genommen: Fernsehen, Film, Internet, Videospiele, Mobiltelefon. *Der Kleine Prinz* soll näher an die Zielgruppen von morgen heranrücken, eine neue Marke im globalen Entertainment werden: cross-medial, international, spielerisch, interaktiv, für alle Generationen. Sein mythischer Charakter scheint dafür prädestiniert, seine Reisen und Abenteuer auf Sternen und Planeten, die Werte, die er verkörpert, ebenso wie der kindliche Drang, sich neue Welten zu erschließen. Dabei geht es nicht mehr allein darum, Saint-Exupérys alten Text neu zu illustrieren und »umzusetzen« oder irgendwie »aufzumöbeln«. Es werden neue Geschichten erfunden und erzählt, der kleine Prinz soll aus seinem Buch »heraustreten«, sich die Welt neu anschauen, mit den ewig großen Augen eines neugierigen Kindes.

So entsteht eine ganz neue Marke, ein neuer Brand, der von Saint-Exupérys Geschichte nicht mehr viel übrig lassen wird. In der Flut an Animationsfilmen, TV-Serien, Videospielen, Websites, Themenparks, Publikationen, Events droht das Geheimnis zu verschwinden. Erklärtermaßen »immer anders und neu« soll der kleine Prinz werden,

ein *Character* im *Mass Market Approach*. Die einfache Sprache, der attraktive Content, das gesamte »Programm«, für das der *Kleine Prinz* steht, machen das Projekt zu einer perfekten und unheimlichen Unterhaltungsware, mit dem dünnen Firnis des »Anspruchs«.

DIE RESTLOSE KOMMERZIALISIERUNG

Zu einer nun weltweit agierenden *Little Prince Connection* haben sich unter der Führung von Sony Home Entertainment etliche Produzenten und Verleger zusammengeschlossen, so zum Beispiel N'Wave und Method Animation. Gallimard (für den Buchbereich) und Hachette (für die Partworks) führen das Netzwerk der internationalen Verleger an.

Mit einer Sneak Peak Preview zu Weihnachten 2010 startet die TV-Animationsserie zunächst mit zwei Episoden in Frankreich; andere Länder werden ab Herbst 2011 folgen. Die von Method Animation (Der kleine Nick, Skyland, Iron Man) produzierte Serie wird 52 halbstündige Episoden umfassen und sich an sechs- bis zehnjährige Kinder richten. Auf die paar Planeten im Buch muss sich der Kleine Prinz künftig allerdings nicht mehr beschränken: 24 Planeten werden geschaffen, jeder bekommt zwei Episoden, dazu wird es Specials geben. Die Liste der Ko-

»Die Menschen haben keine Zeit mehr,
irgend etwas kennenzulernen. Sie kaufen sich alles fertig
in den Geschäften. Aber da es keine Kaufläden
für Freunde gibt, haben die Leute keine Freunde mehr.«

ANTOINE DE SAINT-EXUPÉRY, *Der Kleine Prinz*

produktionspartner liest sich eindrucksvoll – in jedem Land sind es Spitzensender: France Télévisions in Frankreich, RAI in Italien, der WDR in Deutschland. Vierzig Länder haben diese Serie bereits eingekauft.

Auch ein Animationsfilm für die große Leinwand ist geplant: Aton Soumache wird ihn mit einem Budget von über 45 Millionen Euro produzieren. Und zwar wie die jüngsten Blockbuster, zum Beispiel *Avatar*, komplett in 3D. Weltweit ist die Ausstrahlung des Films Ende 2013 geplant.

Der Zusammenhang der TV-Serie in High Definition, 3D und 2D mit Saint-Exupérys Werk kann nur noch als locker bezeichnet werden. Im wesentlichen bedient man sich einiger Elemente, Charaktere, Metaphern und Versatzstücke, der narrative Kontext geht völlig verloren. Denn die Geschichte beginnt dort, wo das Buch aufhört: mit der Wiederbegegnung des kleinen Prinzen mit seiner Rose. Die Story: »Das Universum ist in Gefahr. Sterne werden ausgelöscht, einer nach dem anderen, nach einem schicksalhaften Besuch der Schlange. Der kleine

Prinz muss dieses Problem lösen und alles wieder in Ordnung bringen: Er bricht von seinem Asteroiden auf, lässt seine Rose zurück, reist von Planet zu Planet. Begleitet von seinem treuen Freund, dem Fuchs, entdeckt er unermesslich weite, verzauberte Welten und erlebt etliche neue fantasievolle, teils utopische Abenteuer – gesehen durch die Augen eines außergewöhnlichen Kindes.«

Solcherart animiert verliert der kleine Prinz sein Leben. Er wird zu einem Fantasy-Helden, kompatibel mit allen nur denkbaren Medien. Er lebt in einer Welt der Wunder, verfügt über spezielle Kräfte wie jeder x-beliebige Superheld, auch wenn er ein Kind bleibt. Doch welches Bild von Kindheit wird hier

»Ich betrachtete im Mondlicht diese blasse Stirn, diese geschlossenen Augen, diese im Winde zitternde Haarsträhne, und ich sagte mir: Was ich da sehe, ist nur eine Hülle. Das Eigentliche ist unsichtbar ...«

ANTOINE DE SAINT-EXUPÉRY, *Der Kleine Prinz*

vermittelt? Was bedeutet es noch, sich mit dem kleinen Prinzen zu identifizieren, der nun neue Abenteuer in neuen Settings besteht, neue Accessoires verwendet, neue Charaktere trifft, neue Welten erforscht?

Für Spielkonsolen werden Games entwickelt, »Abenteuer für die ganze Familie«. In 3D, schnell, reich an Action, Puzzles, Levels, ohne Game over. Zwei Spieler können jeweils simultan spielen, einer als der kleine Prinz, der andere als der Fuchs. »Man sieht nur mit dem Herzen gut« degeneriert zu einer Spielanleitung, in der interaktiven 3D-Welt auf Knopfdruck den richtigen Blickpunkt herauszufinden.

Und die nächste Dimension – 4D – wartet schon: N'Wave, Marktführer in 3D- und 4D-Produktionen, wird den *Kleinen Prinzen* in die Themenparks, Museen, Planetarien und in mit dieser Technologie ausgerüstete Kinos bringen. In 4D wird die ganze Bandbreite heute möglicher technischer, multidimensionaler Effekte (*multi-sensory physical effects*) erlebbar gemacht, einschließlich Bewegung, Wind und Wasser. Es gibt weltweit 200 Locations, in der 4D gezeigt werden kann, und N'Wave plant den Auftritt des kleinen Prinzen ab 2011 in 100 von ihnen, wo die Zuschauer zu Reisegefährten des Helden werden sollen. In wenigen Jahren werden die meisten Planetarien auf Digital Screening umgestellt sein, was einen weiteren Pool von Hunderten möglicher Spielstätten schaffen wird. Natürlich wird die *Ultimate Crossover Experience* auch in 3D erhältlich sein, für die konventionellen Kinos.

Die Verleger planen nicht weniger als 100 Buchtitel und verschiedene Partworks, deren Veröffentlichung für den Zeitraum 2010 bis 2015 vorgesehen sind: Lesebücher, Gute-Nacht-Geschichten zum Vorlesen, Bilderbücher, Spielbücher, Hörbücher,

Man muss unbedingt zu den Menschen sprechen.

ANTOINE DE SAINT-EXUPÉRY, *Brief an einen General*

Geschenkbücher, Rätselbücher, Alben, Zeichen- und Malbücher, Werke für Erziehung, Schule und Unterricht, Figurensets, Quizbücher, Notizbücher, die ganze Welt der sogenannten »Nonbooks«.

Hachette wird verschiedene Serien, die auf dem *Kleinen Prinzen* basieren, durch sein internationales Netzwerk in über zwanzig strategischen Ländern lancieren. Auch weitere Pop-Ups sowie hochillustrierte Alben und Sammelbücher sind geplant. Und bekannte französische Autoren wie Jean-Marie Gustave Le Clézio und Erik Orsenna wurden von Gallimard eingeladen, in einer Anthologie Geschichten rund um die Figur des kleinen Prinzen zu veröffentlichen. Und zehn Sachbücher »Entdecke mit dem kleinen Prinzen« – die Erde, den Himmel, die Ozeane, die Tiere, die Musik, die Roboter ... Und sechs Titel »Mit dem Fuchs sprechen« – sogenannte spielerische Einladungen in die Welt der Philosophie, Dialoge zwischen Prinz und Fuchs und Schlange über Glück und Zeit und Freundschaft und Frieden ...

Im Videobereich werden von Sony Entertainment ab Herbst 2011 insgesamt 14 DVDs (einschließlich einer Promotional DVD und DVDs mit vier Episoden der TV-Serie) auf den Markt gebracht.

Dies alles wird flankiert von einer unüberschaubar großen Kollektion von Merchandising-Artikeln. Ob Saint-Exupéry diese Entwicklung vorhergesehen hat? In seinen Augen wird die Werbung zur Rivalin der Erziehung und trägt den Sieg über sie davon. Nicht ohne Grund greift er so oft die Metaphorik des Gartens, des Säens und Erntens auf: Wie die Pflanze braucht der Mensch bestimmte Rahmenbedingungen, um zur Blüte zu gelangen und sich zu entfalten. Fehlen diese Bedingungen, kann auch aus der besten Saat nichts werden. Saint-Exupéry hat sich nicht als Moralist verstanden, der Normen predigt, doch für ihn war eine Ästhetik ohne Ethik nicht denkbar.

Mit der gleichnishaften Bildersprache im *Kleinen Prinzen* hatte der Autor durchaus pädagogische Intentionen verfolgt. Die allgemein verständliche Einfachheit der Sprache, die symbolhafte Bildlichkeit, die einleuchtende Metaphorik – dies alles wollte jedoch nicht verführen oder »animieren«, wohl aber überzeugen. In diesem Sinn kann *Der Kleine Prinz* durchaus als Parabel über die Ethik der Verantwortung gelesen werden, als leises, aber bezwingendes Plädoyer für das Verantwortungsgefühl dem Menschen und seiner Umwelt gegenüber. Zu deutlich hatte sein Autor die Gefahren, die Egoismus und Konsumismus für das Zusammenleben bedeuten, erkannt.

Und nun wird in den nächsten Jahren ein flackerndes Feuerwerk der Bilder im globalen Entertainment abgebrannt. Viel Action im Pixelsturm und ein bisschen Botschaft – mehr wird vom *Kleinen Prinzen* nicht übrigbleiben. *Little Prince Unlimited.* Zum Schluss nur noch Überdruss. Mit dem Triumph des visuellen und digitalen Zeitalters werden die inneren Bilder verlöschen, die Antoine de Saint-Exupéry mit seiner stillen, bezaubernden Geschichte in unsere Seelen pflanzen wollte. In der restlosen Kommerzialisierung wird der kleine Prinz einen gnadenlosen Tod sterben. Er wird nur in den Herzen weiterleben – in den jung gebliebenen Herzen all jener, die der Botschaft des Fuchses glauben: »Man sieht nur mit dem Herzen gut. Das Wesentliche ist für die Augen unsichtbar.« *Der Kleine Prinz* ist eine Geschichte. Eine – und eine einzigartige.

BIBLIOGRAFIE

WERKE UND VERÖFFENTLICHUNGEN

Courier Sud, 1929 (deutsch: *Südkurier*, 1949)

Vol de Nuit, 1931 (deutsch: *Nachtflug*, 1932)

Terre des hommes, 1939 (deutsch: *Wind, Sand und Sterne*, 1939)

Pilot de guerre, 1942 (deutsch: *Flug nach Arras*, 1942)

Le Petit Prince, 1943 (deutsch: *Der Kleine Prinz*, 1950)

Citadelle, 1948 (deutsch: *Die Stadt in der Wüste*, 1951)

Gebete der Einsamkeit (Anthologie)

Manon, Tänzerin. Eine Erzählung (posthume Veröffentlichung)

Der Pilot und der Mensch (Fragmente, Korrespondenz und Dokumente)

Briefe einer Freundschaft (Brief an einen Ausgelieferten)

Romane / Dokumente (Südkurier, Wind, Sand und Sterne, Flug nach Arras und *Kleine Schriften)*

SEKUNDÄRLITERATUR

Jean-Claude Bianco: *Le mystère englouti Saint-Exupéry*, Paris 2006.

Stacy de La Bruyère: *Saint-Exupéry, une vie à contre-courant*, Paris 1994.

Curtis Cate: *Antoine de Saint-Exupéry. Sein Leben und seine Zeit*, Düsseldorf 1973.

Jean-Pierre Davidts: *Der kleine Prinz kehrt zurück*, Hamburg 1998.

Eugen Drewermann/Ingritt Neuhaus: *Das Eigentliche ist unsichtbar. Der Kleine Prinz tiefenpsychologisch gedeutet*, Freiburg im Breisgau 1984.

Luc Estang: *Antoine de Saint-Exupéry in Selbstzeugnissen und Bilddokumenten* (Rowohlts Monographien), Hamburg 1958.

Walburga Freund-Spork: *Antoine de Saint-Exupéry: Der kleine Prinz. Königs Erläuterungen und Materialien*, Hollfeld 2002.

José Martinez Fructuoso/Alain Vircondelet: *Antoine und Consuelo de Saint-Exupéry. Eine legendäre Liebe*, München 2006.

Jean-Pierre Guéno: *La mémoire du Petit Prince. Antoine de Saint-Exupéry. Le Journal d'une vie*, Paris 2009.

Jens Uwe Martens: *Mit dem Herzen suchen. »Der Kleine Prinz« von* Saint-Ex*upéry als Wegweiser durchs Leben*, Köln 1998.

Jean-Claude Perrier: *Les mystères de Saint-Exupéry. Enquête littéraire*, Paris 2009.

John Phillips: *Adieu, Saint-Exupéry! Unsterblicher kleiner Prinz*, Freiburg im Breisgau 1994.

Jacques Pradel/Luc Vanrell: *Saint-Exupéry. L'ultime secret. Enquête sur une disparition*, Paris 2008.

Consuelo de Saint-Exupéry: *Die Rose des kleinen Prinzen. Erinnerungen an eine unsterbliche Liebe*, München 2001.

Consuelo de Saint-Exupéry: *Sonntagsbriefe*, München 2002.

Simone de Saint-Exupéry: *Fünf Kinder in einem Park. Die Kindheit des »Kleinen Prinzen«*, München 2001.

Stacy Schiff: *Saint-Exupéry. Eine Biografie*, München 1995.

Claas Triebel/Lino von Gartzen: *Der Prinz, der Pilot und Antoine de Saint-Exupéry. Das Rätsel um den letzten Flug*, München 2008.

Nathalie des Vallières/Roselyne de Ayala: *Man sieht nur mit dem Herzen gut. Antoine de Saint-Exupéry. Eine illustrierte Biografie*, München 2003.

Paul Webster: *Consuelo de Saint-Exupéry. Das Leben der Rose des »Kleinen Prinzen«*, Berlin 2001.

BILD- UND TEXTNACHWEIS

Alban Cerisier (*Geburt eines Prinzen*): 106. Archives José Martinez Fructuoso: 27, 47, 66, 68, 70, 73, 75, 79, 80, 83, 85, 88, 90, 94, 99, 102 (Bild), 107, 109, 110, 116. Deviant Art: 138 (ibrahx), 141 (Marka), 143 (Powerofgray-skul), 147 (themoonmaker), 148 (Einauz), 150 (lotuschan), 152 (Bild, nomasque), 168 (rraiko), 169 (teresa), 207 (Lylith), 209 (tintanaveia), 210 (Boo the hamster), 213 (Hikari Sama), 215 (SoLbizaRk), 216 (Akria Damian), 220 (Tama Lynn), 222 (elledupomme), 227 (beti123), 230 (Neemh), 232 (Adnil). Dumont Verlag, Köln: 137. Editions Gallimard, Paris: 13, 16 (Bild), 115, 119, 120, 122, 123, 124, 127, 128, 129, 130, 132, 166, 167, 188, 204, 215, 224. Eulen Verlag: 60. Gemma Ivern/iStockphoto: 14/15. Gerhart Hauptmann Theater, Zittau: 176. Verlag Herder, Freiburg im Breisgau: 134. Knesebeck Verlag, München (*Man sieht nur mit dem Herzen gut*): 108, 111. Marion von Schröder Verlag, Berlin (*Die Rose des kleinen Prinzen*): 77, 91. Mel Gama, Rio de Janeiro: 140. Museum des Kleinen Prinzen, Hakone: 184/185, 187. Patmos Verlag: 55, 158. Karl Rauch Verlag, Düsseldorf: 3, 7, 10, 23, 16 (Zitat), 19, 22, 25 (Zitat), 31, 33, 34, 35, 37, 40, 45, 49, 50, 51, 52, 53, 56, 57, 62, 65, 102 (Text), 113, 121, 122-131 (Text von Michel Quesnel), 136, 139, 141, 144, 151 (Text), 152 (Text), 153, 157, 160, 163, 164, 170, 171, 174 (oben), 177, 178, 179, 189, 191, 193, 194, 195, 196, 197, 198, 199, 200, 201, 202, 206, 212, 216, 230, 232, 234. Meridian Fine Art Publishing: 9, 20, 25 (Bild), 39, 41, 54, 96, 100, 112, 151 (Bild), 154, 172, 173, 174 (unten), 181, 182, 219. The Fondation John Phillips: 29, 43, 59, 63, 125.

Der Autor dankt allen Rechteinhabern und Lizenzgebern für die freundlich erteilte Abdruckgenehmigung. Wenn in dem einen oder anderen Fall trotz sorgfältigem Bemühen die Urheberrechtslage nicht hinreichend geklärt werden konnte, wird um Hinweise gebeten (johannes.thiele@renaissance-books.de); berechtigte Honoraransprüche werden selbstverständlich auch nachträglich abgegolten.

BIBLIOGRAFISCHE INFORMATION DER DEUTSCHEN NATIONALBIBLIOTHEK

Die Deutsche Nationalbibliothek verzeichnet diese Publikation in der Deutschen Nationalbibliografie; detaillierte bibliografische Daten sind im Internet über www.dnb.d-nb.de abrufbar.

1. Auflage 2010

Printed in Germany

Gesamtgestaltung und Satz: Christina Krutz Design, Riedstadt
Druck und Bindung: CPI - Clausen & Bosse, Leck

ISBN 978-3-7920-0150-9